Michel de Montaigne

世界教育名著译丛

论儿童教育

〔法〕米歇尔·德·蒙田 著
马振骋 译 单中惠 编注

DE L'INSTITUTION DES ENFANS

上海人民出版社

儿童教育的真知灼见

——蒙田的儿童教育思想

作为文艺复兴后期一位思想敏锐的人文主义者，蒙田在西方被认为是人类思想的启迪者和经院主义教育的抨击者。关于儿童教育问题，他在《论儿童教育》一文中明确指出："说实在的，在这件事上我知道的只是，人文科学中最难与最伟大的学问似乎就是儿童的抚养与教育。"因此，儿童一旦来到了人世，大家就要给他种种关怀，教育他，抚养他。而对于国家来说，其主要职责就是要对儿童教育做到无微不至的关注。正是基于这一点，蒙田在历史和现实结合的基础上，对儿童教育问题进行了深入而广泛的思考，提出了很多真知灼见。当然，应该看到，"如果说蒙田的《随笔集》的不同章节都体现了他对教育问题的思考，那么，这种关注不仅来自他对自己早年教育的回忆，而且更来自他对教育的哲学思考和判断"。[1]

一、 蒙田的人生及《随笔集》

16世纪,以培养绅士为目标的人文主义教育传播到法国,但由于传统保守派势力的强大,因此它仅仅得到了有限的发展。然而,在这个过程中,不少人文主义学者以一种新的时代精神,对中世纪学究式教育进行了有力抨击和对人文主义教育进行了具体论述。其中有很大影响的是法国散文作家和教育家蒙田(Michel de Montaigne, 1533—1592)。英国教育史学家、莱斯特大学教授班托克(G.H.Bantock)曾这样指出:“蒙田的特性和他的时代在他的关于儿童养育的观点上是密切相关的。”[2]

(一) 自由发展的人生

蒙田出生在法国南部佩里戈尔地区的蒙田城堡。父亲曾担任过波尔多市副市长和市长。蒙田接受的家庭教育所呈现的是儿童自由发展的快乐场景。他自己后来这样写道:“我童年也受到宽松自由的教育,从不强制约束。”但是,他从小就受到教诲要走正道。幼年时,蒙田把学习拉丁语作为启蒙教育。6岁时[3],他就被父亲送入由人文主义者开办的居耶纳中学读书,受到人文主义思想的影响,憎恨在当时学校里盛行的体罚和其他严厉的纪律规则。居耶纳中学是16世纪法国人文主义学校的楷模。法国教育社会学家涂尔干(E.Durkheim)在《教育思想的演进》一书中这样指出,蒙田亲眼目睹了人文主义教育观念“在居耶纳中学付诸实践，他在那所中学结束了自己的孩童时代，而文艺复兴的教育学说也开始在那里转变成实践”[4]。

后来，蒙田进入图卢兹大学学习法律，同时还喜爱历史和诗歌。他自己这样写道：“历史是我的狩猎目标，还有诗歌我对它情有独钟。”他博览群书，每天读书不分学科，研究的不是内容而是作者对待主题的方式。1554 年大学学习后，蒙田曾在波尔多市各级法院工作。后来他在波尔多市议会任职 16 年，曾连任两届市长。市长这个职位除了职责的荣誉以外，没有薪俸，也没有津贴。1568 年，父亲过世后，蒙田成为了蒙田城堡的领主。1571 年，他从公共行政事务中隐退后，回到故乡隐居，尽量摆脱杂务，不管闲事，埋头于著述活动，在摸索中渐渐形成了自己的观点和看法。在 1580—1581 年间，蒙田曾到意大利、德国和瑞士等地游览访问。

“我知道什么？”(Que sais-je?)这是蒙田在他的一篇散文中提出的著名问题，它对新的时代产生了主导性影响。美国教育史学家伯茨(R. F.Butts)在《西方教育文化史》中强调指出：“蒙田不是牧师，不是教师，也不是科学家，但是，他却是一位非常有学识的绅士，也是一位见过世面而又有学问的人。”[5]

(二) 脍炙人口的《随笔集》

蒙田的《随笔集》分三卷，共 107 篇。《随笔集》的准备工作始于 1572 年。他在 40 岁之后开始第一卷和第二卷的写作，到年逾 50 岁时完成了第三卷。他最初的两卷于 1580 年问世，在 1588 年的版本中增加了第三卷。在他去世前三年，蒙田不断修改补充他的《随笔集》，出版了 4 次。1589 年是蒙田的《随笔集》在他生前的最后一次出版。

在《随笔集》那篇十分简短的“致读者”中，蒙田明确指出：“这是一部真诚的书。” 他自己在《论儿童教育》一文中这样写道：“这里写的是我的想法与意见；我写出来的是我信仰的东西。”在蒙田看来，这部书可以比作他自己的孩子。因此，在《论父子情》一文中，他又这样写道：“它们是我们的智慧、勇气和才干孕育的，比肉体孕育的更高尚，更可以说是我们的孩子。”“这样一部书在体裁上独树一帜，表现上也不免惊世骇俗。这部作品会因新异而引人注目……值得大家一读。”正是在《随笔集》中，蒙田留下了许多脍炙人口的文章，被认为是一位古典作家和人文主义者。

二、 蒙田的儿童教育思想

蒙田在儿童教育上特别强调精神的自由和判断的独立。他明确反对在教育中对儿童有任何粗暴对待，以及具有奴役意味的强制行为。在他看来，学习的目的应该是什么要知与什么要不知，训练一颗温柔的心灵向往荣誉和自由。因为“聪明人内心必须摆脱束缚，保持自由状态，具备自由判断事物的能力”。在总结他自己的人生经验《论阅历》一文中，蒙田更是敞开心扉地写道：“我那么酷爱自由……只要觉得哪里天地宽阔,我就不会甘心待在我必须躲藏的地方。”

(一) 批判学究式教育和学究式教师

蒙田是中世纪教育形式的批判者。他结合新时代的精神和要求,对学究和学究式教育进行了毫不留情的批判。在某种意义上,“与其说他是现代学校的先驱,不如说他是教育制度批判传统的奠基人”[6]。

一是对学究式教育的批判。蒙田反对学究式教育的方式,因为这样的教育缺少活力。在他看来,进行学究式教育的学校“是一座真正的少年犯拘留所。在他们没有堕落以前就惩罚他们堕落,才使他们真正堕落了。不妨在他们上课时候去看看,您只听见孩子的求饶声和教师的怒吼声。对着这些幼小害怕的心灵,面孔铁青,手执鞭子赶着他们,这算是什么样的启智求知的好方法? 这种方式极不公正和有害”。首先,在学习内容上,“选择的不是观点较为健康、较为真实的书籍,而是希腊文、拉丁文写得最好的书籍。用最美好的词句在我们的思想中灌输古代毫无意义的糟粕”。其次,在心灵发展上,“受五花八门思想的影响,受书本权威的束缚,我们的心灵都是在限制中活动。脖子套了绳索挣不脱,也就不会有轻快的步伐。我们失去了活力与自由”。还有,在教学方法上,“虽然知识会学到更多,但是人不会变得更能干,这是不足为奇的。当今的父辈花费心血与金钱,其实只是在让我们的头脑灌满知识。至于判断力与品德则很少关注”。

二是对学究式教师的批判。蒙田反对学究式的书呆子，讥讽经院学者是一群驮着书的驴子。他们“不停地在我们的耳边絮聒，仿佛往漏斗里灌水，我们的任务只是重复他跟我们说的话”。在蒙田看来，“这类学究遍布各地，谁对他们仔细观察，就会像我一样发现大多数情况下他们不懂自己说什么，也听不懂别人在说什么；他们记的事很多，判断力很差，莫不是他们这方面就是天生与众不同”。因此，蒙田在教育随笔中无情地嘲笑这样的学究式教师，他们无力使儿童吸收自己的所学，只满足于让他们自夸、狂妄自大。“他们自己没有什么有价值的见解，千方百计盗用别人的来标榜自己，更为愚蠢的是乐于用欺诈去骗取庸人的盲目赞扬。”

（二）儿童教育的目的

蒙田认为，儿童教育不要培养一个文法学家，也不要培养一个逻辑学家，而要培养热情的、勇敢的、完全的绅士。具体来讲：

一是身心两方面和谐发展的人。他不仅具有强健的身体和优美的体态，而且具有健全的心智。蒙田明确指出：“我希望在塑造他的心灵的同时，也培养他的举止、待人处世与体魄。这不是在锻炼一个心灵、一个身体，而是在造就一个人；不该把这两者分离。”他还以生活谐和为例来进行阐述：“我们的生活犹如世界的和谐，都是由相反的事物、不同的色彩构成的，温和的与暴烈的，尖的与平的，柔弱的与严厉的。音乐家只喜欢一种音色，会表达出什么？他必须善于调配各种声音，合成交响。”总之，应该使身体和心智两者和谐一致，而不相背相斥。

二是兼有知识和判断力的人。他不仅具有广博的知识，而且更具有判断力。热爱和崇敬知识的蒙田十分强调知识的作用。他这样写道：“我喜爱与敬重学问，不亚于喜爱与敬重有学问的人；使用得法，学问是人类最高尚和强有力的收获。”但是，在蒙田看来，与知识相比，判断力更为重要。因此，他又强调指出：“实际上对知识的要求不及对判断的要求重要。有判断可以不要知识，有知识不可不要判断。”因为儿童“有了相当的判断力，他选上无论什么学科，都会很快精通。……依我说的，心灵就会找到哪儿有粮食，哪儿得到营养。结出的果子硕大无比，也更快成熟”。尽管记忆力是一件可以巧妙使用的工具，但少了判断它就不能完成任务。在蒙田看来，“运用判断与机智的人，做得比较利落……他达不到目标，不烦恼，不丧气，准备一切从头开始，往前走缰绳从不脱手”。因此，18 世纪法国启蒙思想家孟德斯鸠（C.L. de Montesquieu）在《不同的思考》中指出：“在其他的作家那里，我们看到的是写作的人；而在蒙田那里，我们却看到了思考的人。”

三是一个有才能的、有本事的人。他应该是实干的事业家。蒙田强调指出，在学习中，“更重要的是自身要求，丰满心灵，提高修养，更有意培养成一个能干的人，而不是有学问的人”。在他看来，这样的人志在真实的学问，修饰和丰富自己的内心，以及知道如何活得有价值和死得有意义，在行动中创造最伟大的和最光辉的业绩。

（三）儿童教育的内容

蒙田虽然在儿童教育的内容上没有提出一个完整的计划，但他认为在儿童教育上必须提供必要的和实用的教育。

一是身体训练。蒙田认为，如果学生体质柔弱，那么他的心智就得不到体力的支持，心智活动就会成为一个沉重的负担。他明确指出："我们的生命在于运动。"因此，不仅要磨砺儿童的心灵，还要锤炼他的筋骨。首先，不要娇生惯养。"在穿着、床铺、饮食方面不要养成他娇生惯养；让他适应一切。不要他做个娘娘腔的小男人，而是强壮的青少年。"其次，要忍受劳苦。"要孩子忍受训练的劳苦与疼痛，是锻炼他们经受脱臼、肠绞痛、灼伤，还有坐牢和苦刑的劳苦与疼痛。"在身体训练中，蒙田认为，"游戏与运动将占一大部分学习：跑步、角斗、音乐、舞蹈、狩猎、骑马、练习刀枪"。

二是德行养成。蒙田认为，在德行养成上，应该使儿童具有勇敢、坚定、诚实、友爱、谦虚、良知、善良、节制、恒心以及乐天知命、慈爱和善、宁静无为、崇高理性、服从真理等良好品质；同时，还要使他们具有良好的礼仪、优雅的言谈等。在蒙田看来，"应该细心教育孩子从情理上去憎恨罪恶，识别它们本质上的丑陋，不仅在行动上，而且在心灵上都要远远躲开；不论罪恶戴着什么假面具，一想到就厌恶"。因此，不仅让儿童"心中对美德充满敬意，还要在心中同样或更多充满感情"，特别要认识到心灵是美德的真正中心所在；而且让儿童"语言中闪烁良知与美德，唯理智作为指引。让他懂得，若在论说中发现错误，虽然别人尚未感到，也要改正，这是判断与诚实的表现，也是他追求的主要品质”；还有让儿童“善于选择自己的论据，说话得体，也就言简意赅。尤其要教导他面对真理就要俯首帖耳，缴械投降”。在蒙田看来，如果儿童从小养成了德行，那他“到了晚年也不会成为真正的老朽，他依然受到尊敬，尤其受到他的儿辈的尊敬”。

三是知识传授。蒙田认为，对儿童传授的知识应该能教他们怎样生活，对他们是有用的。首先，不能使知识传授抑制思维活动。尽管“学问是华丽的装饰，也是奇妙的服务工具”，“学问深奥无比、变化无穷，我学习只学得了一个收获，那就是体会到学无止境”。但是，决不能使儿童在作为庞然大物的学问底下被压垮，因为“植物吸水太多会烂死，灯灌油太多会灭掉，同样，书读得太多也会抑制思维活动。思想中塞了一大堆五花八门的东西，就没有办法清理，这副担子压得它萎靡消沉”。其次，不能用记忆力代替智力。尽管“记忆是知识的库房和容器”，但“有些人（这类人不计其数），他们把学问作为自负与价值的基础，以记忆力代替了智力……除了照本宣读以外什么都不会，他们身上的这种知识我讨厌，若敢大胆说，还比愚蠢更讨厌”。蒙田认为，在应该传授的知识中，包括语言、诗歌、修辞学、逻辑学、历史、法学、哲学、几何学、数学、物理学、医学等。其中，学习历史可以熟悉历史上许多全盛时代的最可尊敬的人，并养成美德和判断力。学习哲学可以养成自己的智慧，并使其行为正直。在蒙田看来，“既然哲学是教导我们生活的学问，儿童时代和其他时代都可以从中得到教育，为什么不能也教他们哲学呢”。

（四）儿童教育的方法

尽管蒙田没有做过教师，也没有教育实践活动，但博览群书和睿智思考使他能够在儿童教育方法上提出许多独到的见解，而闪烁出新时代的精神和人文主义教育的智慧。

一是注意儿童的资质和天性。

首先，蒙田认为，大自然赐给人资质和天性，大自然的规律使儿童学到他必须学习的东西。他指出："大自然赐给我们双脚走路，也赐给我们明智去走生活的道路。……只要谁照着大自然说的去做，像个愿意稍加努力天真地、规矩地，也即自然地去做的人，都可以做得好的。"

其次，蒙田认为，唯有理智才可以指导儿童的资质和天性，应该看到他们的资质和天性的差异。他指出："从来没有两个人对同一件事作出相同的判断，也不可能见到两个意见是一模一样的，不但在不同人身上，就是在不同时间的同一人身上也见不到。"所以，"不论……资质与表现如何不同，都是用同一的教材与规则来教导，于是在一大群儿童中只能培养出两三个学有所成者，也就不足为奇了"。

还有，蒙田认为，特别应该关注幼年时期的儿童，对他们的喧闹、游戏和稚拙进行就近的观察，不要对他们带着恶意的轻视，也不要对他们娇生惯养。他指出："幼年时，孩子的性格倾向不强烈不明显，天资也没有那么确定无疑的表现，很难对此作出任何有根据的判断。"但应该看到，“人无论多么无能与鲁钝，身上总是有闪光的个人品质，品质不论埋藏多深，总会在某个时机显露出来”。

二是发展判断力和思考力。

首先，蒙田认为，尽管知识也很重要，但发展儿童的判断力和思考力更为重要。儿童应该能够把他所学的东西用很多不同的形式表达出来，并且在很多不同的情况中去应用它，从而使所学的东西成为自己的东西。他指出：“我们要心灵掌握的东西太多，反而不能使它集中与牢记。有些事只需知道，有些事要记住，有些事要刻骨铭心。一切事物心灵都是可以看见与感觉的，但是都要由心灵自己去汲取养料。真正触动它的东西，真正融入和组成它的实质的东西，才使它得到教育。”他甚至这样写道：“如果我们的心灵不走向健康，如果我们的判断力不改进，我宁可让学生打网球消磨时间；至少身体可以更矫健。看看他从那里学了十五六年回来，没有什么是用得上的。”

其次，蒙田认为，对所学的知识要进行思考，使知识成为自己的东西。这就像蜜蜂采蜜一样，它自己把花液加工成蜜糖。他指出，对儿童“刚学到的知识，要他举一反三，触类旁通，检查他是否融会贯通，成为自己的东西。吞进的是肉吐出的还是肉，这说明生吞活剥，消化不良。吞进胃里的东西是需要消化的，胃没有改变它的内容与形状，那就没有起到应有的作用”。因为对于一个头脑不清的人，学问是没有什么用的。

还有，蒙田认为，儿童学了知识，但不知自己说什么、评判什么和做什么，那就是鹦鹉学舌。他指出：“不以知识充实自己、营养自己；只是把知识辗转相传，唯一的目的是炫耀自己，娱乐大众，当作谈话资料。像一枚不流通的筹码除了计个数扔掉以外，没有任何实际价值。”那就等于“肚子里塞满了肉而不把它消化，不转化为自身的养料，不健壮体格，这对我们有什么用呢?”其结果是，儿童因贪求知识而傻了脑袋，都被教得傻里傻气。

三是注重观察和经验。

首先，蒙田认为，应该向大自然和社会生活学习，通过观察积累广泛的经验，把经验看做是指引我们通往真理的媒介。他指出:“感觉是我们固有的第一批法官，通过外部反应观测事物。”“当我选择一条笔直的路时，并不是因为它直因而近，而是我凭经验发现这综观而言毕竟是最合理有效的一条路。”

其次，蒙田认为，应该把世界当作一面镜子，去观察和探究一切。他指出:“这个大千世界，有人还把它看做是恒河一沙，是一面镜子，我们必须对镜自照，从正确角度认识自己。总之我希望把世界作为我的学生的教科书。”在蒙田看来，应该“观察每个人的特长:放牛人、泥瓦匠、过路人;应该懂得利用一切，学习各人之所长;因为一切都是有用的;即使从别人的愚蠢和弱点中也可学到东西。仔细观察一个人的举止风度……培养他锲而不舍、探究一切的好奇心。周围一切稀奇古怪的事都去看一看”。

还有，蒙田认为，应该对累积的经验进行认真思考，使自己变得聪明。他指出:“经验累积是不够的，还必须融会贯通，琢磨其中的道理，从中得出结论。”“不管我们从经验中可以得到怎样的效果，只要我们不会好好利用自己的经验，从外国范例里学到的经验不会对我们的制度有多大帮助；因为我们自己的经验我们最熟悉，也就足够指导我们需要做的是什么了。”

四是应用知识和实际练习。

首先，蒙田认为，儿童学到知识后，最重要的不是在口头上说，而是在行动上去做；如果他能在行动上去做，那么他就会更伟大。事物的学习应该先于文字的学习。他指出：“会背诵不等于懂，那只是把东西留存在记忆中。……纯然的书本知识是可悲的知识！”“如果让他们在行动中发挥，可以看到他们展翅高飞，翱翔天空，对事物有更透彻的了解，心灵大大开阔。”“学了课本知识后不要多说，而要多做。在行动中重复贯彻。”

其次，蒙田认为，重要的莫过于激发孩子的渴求与热情，使儿童学会应用知识，以便更好地领会知识。蒙田指出：“他必须吸收他们的思想精华，不是死背他们的警句。他可以大胆忘记从哪里学到的，但必须知道把道理为我所用……让他把学到的东西藏之于心，把创新的东西呈之于外。”“知识是良药，但是不管什么良药因药罐保存的质量差，都会变质失效。一个人可以看得清，不一定看得准，从而看到好事不去做，学到知识不会用。”

还有，蒙田认为，儿童要注重实际练习。例如，一个人想学习舞蹈的话，就必须自己进行练习，而不能仅仅站在一旁看舞蹈家跳。他指出，这就像“要我们提高理解力却不要动脑子，要我们学骑马、掷标枪、弹琴或练声，又不要我们练习，要我们学习明辨是非和善于辞令，又不要我们说话和判断”。

五是养成好习惯。

首先，蒙田认为，生活习惯会形成我们的生活方式，习惯的最大威力就是抓住我们不放，甚至会蒙住我们判断的眼睛，以致我们靠自身力量很难摆脱，所以，好习惯的养成是很重要的。他指出：“习惯是第二天性，但不比第一天性弱。”“年深日久，形式在我身上变成了实质，习惯也变成了天性。”“习惯在我们的心灵中一往无前扎下根，产生的奇特印象使大家更可看出它的效果。”

其次，蒙田特别强调，在儿童的幼年时期特别要防止他产生很多恶习，如说话不诚实、行为放纵等，因为以后要革除这些恶习会难得出奇。他指出：“我发现我们身上的最大恶习都在幼年时已见端倪……这些实在是残酷、暴戾、不讲信义的种子与根源。在那时候发芽，茁壮成长，成了恶习后难以铲除。以年幼无知或鸡毛蒜皮小事为由而原谅这些不良倾向，这是后患无穷的教育方法。”

六是宽严结合。

蒙田认为，在教育方法上要宽严结合，既不要以恐怖和冷酷对待学生，也反对一切粗暴行为以及只能生长出奴性的独断和压制。他指出：“教育要宽严结合进行，不是像时下所做的那样，不是让孩子去接近文艺，而是让他们看到的尽是恐怖与残酷。请不要给我谈暴力与强权。

依我之见，没有东西比它们更加戕害和迷误善良的天性。”在蒙田看来，专横和体罚实际上是一种可恶而有害的教育方法。他特别希望教室里放满花草并洋溢欢乐喜悦，而不是悬挂鲜血淋漓的柳条。

七是游历。

首先，蒙田认为，游历是一种重要的教育方法，可以更好地发展判断力。他指出：“广泛接触世界，有助于对人性的判断，可以做到洞若观火。我们都自我封闭，目光短浅，只看到鼻子底下的东西。”

其次，蒙田认为，作为一位未来的实干的事业家，儿童必须了解世界和社会，了解其他民族的多彩多姿的不同生活方式，了解各式各样的人，以便增进见闻和避免目光短浅。他指出：“到国外游历……要带回这些国家的民族特性和生活方式，让我们的思想与他们的思想发生冲撞和相互磨砺。我多么乐意孩子幼年时就带他游历。”

对于蒙田在教育方法上注重游历，英国教育史学家博伊德（W. Boyd）、埃德蒙·金（Edmund King）曾作过这样的评价：“蒙田建议儿童从幼年起就应去旅行并认识世界。去外国学习可收到许多教育效果……只有在诸如旅行和历史所提供的生活经验的基础打好了之后，要求更普通的教育的时刻才能到来。”[7]

八是导师选择。

首先，蒙田鉴于导师在教育中的作用，十分重视导师的选择。他指出：“儿童教育的成败完全取决于您对教师的选择，教师的职责涉及许多其他重大方面。”因此，需要“用心给他选择一名导师，不需要学识丰富，而需要通情达理，两者兼备自然求之不得，但是性格与理解更重于学问；他必须以一种新方式工作”。

其次，蒙田认为，导师不仅是知识的导师，而且是勇敢、谨慎和正义的导师。导师应该是一个最有才智和道德高尚的人，有学问和有判断力，有好的性情。他指出：“名师高瞻远瞩，其高明处就是俯就少年的步伐，指导他前进。”因此，蒙田自己曾这样写道：“我可不愿意人家把这个孩子当成了囚犯。我不愿意把他交给一位喜怒无常的教师。我不愿意损害他的心灵，像时下的要求，约束他每天十四五小时工作，像个脚夫那样辛苦。”

三、蒙田教育思想的特色及对后世的影响

蒙田倾注一生心血的《随笔集》为人类的智慧宝库留下了一笔宝贵的文化财富，在全球都有读者，说明他在世界上具有极强的生命力。他的教育思想既在历史中进行探究，又从现实中寻求思索，不仅给人们提供了取之不尽的儿童教育哲理，而且对后世的教育思想产生了远见卓识的影响。

（一）蒙田教育思想的三大特色

法国巴黎政治研究学院高级讲师沃姆泽（G. Wormser）在《蒙田》一文中这样指出：“《随笔集》是文艺复兴时期欧洲文化拼图的极好的写照：蒙田的散文集夹杂着拉丁著作的摘录——常常是从希腊文翻译

而来——也混杂有民间沿袭下来的表达方式。”[8]

综观蒙田的教育思想，凸显出三大特色：

一是引述了许多实际例子。蒙田自己写道：“从我的观点来看，最平常、最普通、最熟知的事，如果我们能从中找出其精华，就可以成为最伟大的人世奇迹、最佳的范例。”因此，在他引述的这些实际例子中，既有社会生活的例子，也有自然界的例子。例如，在《论儿童教育》中，蒙田引述了亚里士多德与亚历山大的例子：“亚里士多德让他的大弟子亚历山大听了兴奋不已的，不是三段论法的组成技巧或者几何原则，而是关于勇敢、胆略、慷慨、节欲和保持大无畏精神的训诫。”也引述了蜜蜂采蜜的例子：“真理与理智对谁都是一样的，不看谁说在前谁说在后……蜜蜂飞来飞去采花粉，但是随后酿的蜜汁，这才完全是它们的。”在《论学究式教育》中，蒙田引述了鸟儿啄食给小鸟的例子：“我们学习只是让记忆装满，却让理解与意识空白。犹如鸟儿出去觅食，不尝一尝就衔了回来喂小鸟，我们的学究也从书本里搜集知识，只是挂在嘴边，然后吐出来不管被风吹往哪里。”在《论阅历》中，蒙田引述了水银珠的例子：“谁见过孩子想把一团水银挤成一大堆水银珠吗？他们把水银挤得愈凶，愈要按照自己的意愿要它就范，这个生性豪爽的金属愈向往自由，躲开他们的逼迫，缩小分散，数也数不清楚。”

同时，蒙田自己也写道：“有人可能跟我的气质相同，从反例中比从范例中，从回避中比从追随中学到更多东西。”因此，在他引述的这些实际例子中，既有反例，也有范例。例如，在《论儿童教育》中，蒙田引述了一个极端的亚里士多德信徒的反例:“他最大的信条是:衡量一切正确思想与真理的试金石,就是看它是否符合亚里士多德的学说。”在《论学究式教育》中,蒙田引述了几何学家阿基米德从事实用研究的范例:“为了保卫祖国,放弃哲学探讨,从事实用研究,不久研制出了可怕的军械战具,效果超过一切人的想象。”在《论自命不凡》中,蒙田引述了一个希腊纨袴子弟波莱蒙改邪归正的例子:“在偶然间听了色诺克拉特的一堂课,不但注意到这位讲师的雄辩与渊博,把有益的知识带回家中,还结出一个更灿烂鲜艳的果实,毅然改变前半生的生活,重新做人。”在《论父子情》中,蒙田还提及历史上有很多父辈热爱孩子的模范事迹。

二是引用了很多古代名人的箴言。蒙田自己写道:“有时由于拙于辞令,有时由于思路不清,我无法适当表达意思时就援引了其他人的话。我对引证不以数计,而以质胜。”法国教育社会学家涂尔干在《教育思想的演进》一书中就指出,蒙田的“这些学说是建立在一些特定前提上的,这些前提倒不是蒙田自己创造的,但却是他从自己的同时代人那里借来的。在蒙田对于文学和知识以及它们在教育中所担任的角色的看法中,完整地蕴含了这种学说。”[9]

蒙田之所以引用古代名人的箴言,那是因为在他看来,古代学者的作品更丰富更严峻,古代杰出诗人毫不矫揉造作。其中,既有古希腊学者的箴言,例如,古希腊哲学家柏拉图的箴言:“习惯可不是小事。”古希腊诗人斯多巴乌斯的箴言:“缺了理解力,知识有何用?”也有古罗马学者的箴言,例如,古罗马雄辩家西塞罗的箴言:“习惯的力量是巨大的。”

“真正智慧高尚的人认为荣誉体现在行为上，不是在颂扬上。”古罗马雄辩家昆体良的箴言：“诚实的事于人最有益，这是上天赐给人的礼物。”古罗马哲学家塞涅卡的箴言：“丧失理性的人生是徒劳的，它碌碌无为，一心向往着未来。”古罗马学者大普林尼的箴言：“习惯在一切事物上都是个卓越的教师。”还有文艺复兴时期人文主义学者的箴言，例如，意大利诗人但丁的箴言：“我乐于知道，也同样乐于怀疑。”等等。

三是结合自己的教育实例。蒙田自己写道：“实在缺乏题材，我就把自己作为论辩的对象和文章的主题。”因此，他从自己的童年经历中认识到儿童启蒙教育的重要性。法国学者沃姆泽指出：“蒙田乃是一种基于个人经验进行清晰描述的哲学的先驱。散见于随笔集各处的关于教育的评论在这些文章里重新出现了。”[10]英国莱斯特大学教授班托克也指出：“蒙田对教育的建议完全来自他自己的教育实践。”[11]

例如，在《论儿童教育》一文中，蒙田提及他自己学习希腊语和拉丁语的方法，即游戏结合练习的方法来强化学习：“父亲计划让我通过一种游戏结合练习的新方法强化学习。我们两人对垒，交替背诵变格；就像有的人玩下棋来学习数学与几何。”在《论父子情》中，蒙田提及父亲在他童年时的教育以及他对自己女儿的教育：“我是在这样的教育中长大的。他们告诉我小时候只挨过两次鞭打，都是轻轻的。我对自己的孩子也是如此；他们还在襁褓中就死去了。唯有我的女儿莱奥诺逃过这个厄运，她已 6 岁多，无论教育她还是惩罚她的童年错误，母亲都轻声轻气谆谆教导。”

（二）蒙田的儿童教育思想对后世的影响

作为一位法国人文主义学者，蒙田儿童教育思想通过他的文笔优美而犀利的《随笔集》，对后世的西方教育有着广泛的影响。他的教育思想后来被17世纪英国教育家弥尔顿和洛克以及18世纪法国教育家卢梭所吸收，并得到进一步的发展。正如美国教育史学家孟禄（P. Monroe）所指出的："通常，洛克与蒙田、弗兰西斯·培根、夸美纽斯或与卢梭归在一起"，他们"与蒙田一致的观点是非常多的"。[12]英国教育学者劳顿（D.Lawton）和戈顿（P.Gorton）也指出："蒙田的散文集被广泛地阅读，尤其在法国和英国。……他的教育思想后来被洛克和卢梭所接受。"[13]

尽管蒙田儿童教育思想在他的时代影响不大，但他的儿童教育思想是具有前瞻性的。正如法国教育史学家孔佩雷（G.Compayre）所指出的："如果说蒙田的教育思想没有对他自己生活的时代产生影响的话，那至少在三个世纪之后蒙田成了智育问题的权威导师。"[14]美国教育家布鲁巴克（J.S.Brubacher）也指出："到18世纪，由于近代科学的兴起，因此，对于教学自由观念有了新的态度。实际上，早在两个世纪之前，法国教育家散文家蒙田的著作就有这种先见之明。"[15]

美国教育史学家伯茨认为，蒙田的《随笔集》描绘了欧洲文艺复兴时期知识分子的文化追求，"把人文主义和自然主义的思想融合在一起，抨击形式主义、咬文嚼字以及盲目依赖权威的现象"[16]。但是，如果把蒙田在《随笔集》中对教育方法的论述与对教育内容的论述相比，他对教育方法的论述更有特色和更有新意。在蒙田的教育思想中，我们确实可以找到关于教育方法的最著名的论述。因此，蒙田自己也这样写道："我说的不是学院式、矫揉造作的方法，而是自然、思维清晰的方法。""我相信我的方法是正确和合乎天性的。"美国教育史学家格莱夫斯(F.P.Graves)就指出："蒙田的教育原理对于当时的学校并不见得有什么大的影响，但是当时著作既有许多人读他，那关于教育的内容方法上许多应改良的地方都通俗地传播殆遍了……蒙田的理论似乎直接影响到洛克和卢梭，再由二氏又影响到别家。"[17]

在西方教育学者中，英国教育家伊丽莎白·劳伦斯(E.S.Lawrence)对蒙田儿童教育思想的精髓以及凸显的现代精神论述得十分透彻。她说："在蒙田的著作中，较为自由的思想又前进了一大步。他的不少思想和著作都是我们今天认为最现代的教育概念……他比同代人更具有远见卓识，对这一问题有许多标新独到之处。"[18]

单中惠

华东师范大学基础教育改革与发展研究所

2016 年 4 月 30 日

注释

[1] Gabriel Compayre, *The History of Pedagogy*, Boston: D.C.Heath & Company, 1910, p.103.

[2] G.H.Bantock, *Studies in the History of Educational Theory*, Vol.1, London: George Allen & Unwin, 1980, p.117.

[3] 欧洲文艺复兴时期的人文主义学校的学生在学年龄是 6—21 岁。

[4] 涂尔干:《教育思想的演进》,李康译,上海人民出版社 2003 年版,第 307 页。

[5] R.Freeman Butts, A Culture History of Western Education, New York: McGraw-Hill Book Company, 1955, p.186.

[6] 沃姆泽:《蒙田》,扎古尔·摩西主编:《世界著名教育思想家》第 3 册,中国对外翻译出版公司 1995 年版,第 124 页。

[7] 博伊德、埃德蒙·金:《西方教育史》,任宝祥、吴元训主译,人民教育出版社 1985 年版,第 225—226 页。

[8] 沃姆泽:《蒙田》,扎古尔·摩西主编:《世界著名教育思想家》第 3 卷,中国对外翻译出版公司 1995 年版,第 122 页。

[9] 涂尔干:《教育思想的演进》,李康译,上海人民出版社 2003 年版,第 313 页。

[10] 沃姆泽:《蒙田》,扎古尔·摩西主编:《世界著名教育思想家》第 3 卷,中国对外翻译出版公司 1995 年版,第 132 页。

[11] G.H.Bantock, Studies in the History of Educational Theory, Vol.1, London: George Allen & Unwin, 1980, p.123.

[12] Paul Monroe, A Text-Book in the History of Education, New York: The Macmillan Company, 1925, p.520.

[13] Denis Lawton and Peter Gorton, A History of Western Educational Ideas, London: Woburn Press, 2002, p.62.

[14] Gabriel Compayre, The History of Pedagogy, Boston: D. C. Heath & Company, 1910, p.110.

[15] Johm S.Brubacher, A History of the Problems of Education, New York: McGraw-Hill Book Company, 1966, p.598.

[16] R. Freeman Butts, A Culture History of Western Education, New York: McGraw-Hill Book Company, 1955, p.196.

[17] 格莱夫斯:《中世教育史》,吴康译,华东师范大学出版社 20005 年版,第 265 页。

[18] 伊丽莎白·劳伦斯:《现代教育的起源和发展》,纪晓林译,北京语言学院出版社 1992 年版,第 48 页。

目 录

论儿童教育

——致戴安娜·德·弗瓦，居松伯爵夫人

我还从未见过哪个父亲，因儿子是癞子或驼背而不愿认他的。这不是因为过于钟爱而看不到这个缺陷，而因为这总是他的骨肉。我也是比谁都看得清楚，我的这些文章只是在儿时对学问学了些皮毛的人在说梦呓而已，只记得一个模糊不全的印象，东扯西拉，一知半解，倒是十分法国式的。

因为，总的来说，我知道有一门医学，一门法学，数学分四学科，以及它们大致针对的是什么。可能我还知道学问一般是为人生服务的。但是我从没深入探讨，苦心孤诣研究现代知识之父亚里士多德[1]，或者对哪门学科锲而不舍。也没能对一门艺术进行概括。中级班的哪个学生都可以说比我懂得多，我甚至没有资格用他的第一课书去考他这里面说什么。若要逼我这样去做，我只能勉强出些一般性题目，以此考查他们天生的判断力，这课目对他们是陌生的，就像他们的课目对我也是陌生的。

我从来不曾扎扎实实读过一部有分量的书，除了普鲁塔克[2]和塞涅卡[3]；我从他们的著作中汲取知识，但像达那伊得[4]，不断地往无底洞里灌水与放水。我有什么领会就写在纸上，很少记在心里。

历史是我的狩猎目标，还有诗歌我对它情有独钟。因为，如克里昂特斯[5]说的，声音钻过狭窄的喇叭管，出来时更尖更响，我觉得名句受到诗韵的种种束缚，挣脱出来更有力量，对我的冲击也更大。至于我的天赋——这部书对它是一场考验——我感到它在重压下弯下腰来。

我的观点与看法只是在摸索中渐渐形成，犹豫摇摆，趔趄不前。当我尽量往前走远时，没有一次感到满意。可以看到远处的城郭，但是如坠云雾中模糊不清。使用自己的语言如实表达偶然出现在思想中的东西时，经常会在名家的著作中碰巧遇到我已尝试谈论的主题，例如不久前在普鲁塔克作品中正好读到他对想象的论述，我必须承认与这些人相比，自己是多么软弱无力、麻木鲁钝，也不由得自怜自贬起来。

但是也使我感到欣喜的是，我的看法有幸与他们的看法相遇在一条路上，虽则我远远落在后面。我还知道——不是人人都这样明智——我与他们之间的巨大差别。然而我还是照样发表我的一得之见，浅薄孤陋，不因在比较中发现缺陷而用他们的话来粉饰和掩盖。跟这类人物并肩而行必须有挺直的腰板。我们这个世纪里那些下笔轻率的作家，在他们不值一提的作品中整段照抄古人文章炫耀自己，效果适得其反。因为这两者的文采高下悬殊，判若云泥，反使抄袭者显得更加苍白丑陋，实在是得不偿失之举。

这是两条迥然不同的奇怪做法。哲学家克里西波斯[6]在自己的作品中不但整段抄袭，还整本照搬其他作家的作品，欧里庇得斯[7]的《美狄亚》就在他的一部书里。阿波罗多罗斯[8]说，谁要是把他抄袭的内容删去，他的纸上就只留下一片空白。伊壁鸠鲁[9]则相反，在他传世的三百卷作品中没有一句引语。

有一天，我偶然遇到一段文章。那些法语句子无血无肉，空洞抽象，真是法国式废话，读来索然无味。无精打采读了很久，突然看到了一篇富有文采，精美绝伦的文章。要是觉得坡度平缓，攀登不急，这还可理解。而这是一座悬崖，笔直陡峭，刚读了六句话，就把我带往另一个世界。从那里我发现刚才走过来的那个渊谷，实在是太浅太低了，再也无心回到那个地方去。如果把这样的美文塞到我的一篇文章中，反衬出我的其他文章更加不堪入目了。

批评别人身上自己也有的缺点，还有批评自己身上别人也有的缺点(我常这样)，我不觉得两者是不相容的。我们必须揭露它们，使之无处藏身。而且我知道这需要有多大的勇气，让我时时尝试去赶上我的抄袭之作，跟那些作者平起平站，还怀着侥幸的希望，瞒住评论家的眼睛不让辨认出来。这要依靠我应用得法，还有赋予新意和表达有力。

此外，我不会和这些先师正面冲撞，打肉搏战；反复轻微骚扰而已。不会迎头痛击，只是虚晃几招；也不会表示出非得这样做不可。

我若能使他们感到为难，那是我这人言之有物，因为确是说中了他们牵强附会的地方。

我发现那些人在做的事，就是穿上别人的盔甲，连个手指头也不露出来，把古人的思想东拼西凑来实行自己的计划，这对于有知识的人做这类人云亦云的题目还不易如反掌。对那些人偷偷摸摸窃为己有，首先是不正义和怯懦行为。他们自己没有什么有价值的见解，千方百计盗用别人的来标榜自己，更为愚蠢的是乐于用欺诈去骗取庸人的盲目赞扬，在有识之士面前自贬身价，其实只有他们的称颂才是重要的，而今他们对于剽窃的文句只会嗤之以鼻。

我做什么也不会去做这样的事。我引用别人是为了更好地表达自己。我不是指那些集句诗，这本来作为汇编出版的，我见过除了古人以外，当今也有编得很精致的集子，尤其是卡庇鲁普斯[10]主编的那部书。从这些著作中处处看出时代的智慧，利普修斯[11]在那部博学的巨作《政治》中也这样。不管怎样，我想说的是不论什么荒谬的想法，我都不会去有意掩饰，就像我的一张秃顶灰发的肖像画，画家画上的是我的脸，不要是一张十全十美的脸。因为这里写的是我的想法与意见；我写出来的是我信仰的东西，不是要人相信的东西。我在这里的目的是袒露自己，要是新学的东西使我改变的话，这个自己到了明天可能会不同了。我没有权威要人相信我，也不奢望这样的事，觉得自己学识浅陋，不配去教育别人。

读过上一篇文章的那个人，一天在我家里对我说，我应该对儿童教育的理论再深入谈一谈。那么，夫人，我在这方面还有什么看法的话，最好是把它献给即将出世的小公子（夫人生性慷慨，头胎不会不是个男孩)。从前我有幸为您服务,自然希望您万事如意;除此以外,我还曾积极促成您的婚事,有权利关注一切由此而来的门第光耀昌盛。但是说实在的,在这件事上我知道的只是,人文科学中最难与最伟大的学问似乎就是儿童的抚养与教育。

如同在农业中,播种前的耕作以及播种本身,方法都可靠简单;可是让种下的作物存活茁长,这里面就有无数的学问与困难;人也是这样,受孕怀胎无什么技巧,但是一旦到了人世,大家就要给他种种关怀,教育他,抚养他,需要终日操心与害怕。

幼年时,孩子的性格倾向不强烈不明显,天资也没有那么确定无疑的表现,很难对此作出任何有根据的判断。

您看西门[12]、瑟米斯托克利[13]和其他许多人,他们早年与后来的行为多么不一致。小熊与小狗显出自然天性;而人受困于习俗、看法和法律之中,很容易改变自己或伪装自己。

强迫天性还是很难的。由于选错了道路,训练孩子去做今后无法让他们立足的事,往往多年心血白费,这样的事常有发生。由于这样的困难,我主张引导他们去做最有益最有效的工作,不应该从他们童年的行为对他们的前途妄加猜测。即使柏拉图[14],我也觉得他在《理想国》一书中给予儿童过多的权力。

夫人,学问是华丽的装饰,也是奇妙的服务工具,尤其对于夫人这样富贵人家来说。说实在的,学问在贫贱者手里起不了应有的作用。学问用于指挥战争、统治百姓、跟君王或异国结盟,远比用于找论据、写诉状或开药方显赫得多。因而，夫人，我相信您不会忘记对自己孩子的这部分教育，因为您出身书香门第，受过闺中教育（因为我们至今保存几代德·弗瓦伯爵们的文稿，您的丈夫伯爵阁下和您都是这一脉的后裔，您的叔父弗朗索瓦·德·弗瓦·康达勒伯爵每日写作，将使贵府的文章才华绵延几个世纪不绝），我只想对您献上一条不同于世俗做法的拙见，这也是我对夫人的效力。

儿童教育的成败完全取决于您对教师的选择，教师的职责涉及许多其他重大方面；但是对此我没有值得一听的见解也就略过不谈；关于职责我向教师提出一己之见，他若认为有可取之处不妨采纳。对一位贵族子弟，学知识不是为了谋生（因为这个庸俗的目的不配得到缪斯女神[15]的垂青与眷顾，此外这还关涉到别人，取决于别人），不是为了跟外界交往，更重要的是自身要求，丰满心灵，提高修养，更有意培养成一个能干的人，而不是有学问的人。我还要进一言，就是用心给他选择一名导师，不需要学识丰富，而需要通情达理，两者兼备自然求之不得，但是性格与理解更重于学问；他必须以一种新方式工作。

有的教师不停地在我们的耳边絮聒，仿佛往漏斗里灌水，我们的任务只是重复他跟我们说的话。我要他改正这种做法，一开始，根据他所教的人的智力，因势利导，教他体会事物，自己选择与辨别；有时给他指出道路，有时让他自己开拓道路。我不要老师独自选题，独自讲解，我要他反过来听学生说话。苏格拉底[16]，后来的阿凯西劳斯[17]都是首先让弟子说话，然后再是他们对弟子说话。

执教的人高高在上，大部分时间损害要学习的人。

——西塞罗

教师让学生在前面小跑，判断他的速度，然后决定自己该怎样调节来适应学生的力量，这是个好方法。如果缺了师生的这种配合什么都做不好。善于选择这种配合，稳步渐进，据我所知这是最艰难的工作之一；名师高瞻远瞩，其高明处就是俯就少年的步伐，指导他前进。我上山的步子要比下山更稳健，更踏实。

我们这里的做法是，不论学生的资质与表现如何不同，都是用同一的教材与规则来教导，于是在一大群儿童中只能培养出两三个学有所成者，也就不足为奇了。

教师不但要学生记住课本中学过的词，还要理解词的意义与要旨；评估学生的成绩不是去证明他记住了多少，而是生活中用了多少。按照柏拉图的教学法循序而进，对学生刚学到的知识，要他举一反三，触类旁通，检查他是否融会贯通，成为自己的东西。吞进的是肉吐出的还是肉，这说明生吞活剥，消化不良。吞进胃里的东西是需要消化的，胃没有改变它的内容与形状，那就没有起到应有的作用。

受五花八门思想的影响，受书本权威的束缚，我们的心灵都是在限制中活动。脖子套了绳索挣不脱，也就不会有轻快的步伐。我们失去了活力与自由。

我们永远做不到自己驾驭自己。

——塞涅卡

我在比萨城[18]私访一位正人君子，是个极端的亚里士多德信徒，他最大的信条是：衡量一切正确思想与真理的试金石，就是看它是否符合亚里士多德的学说；除此以外，都是胡思乱想；亚里士多德什么都见了，什么都说了。他这个信条得到广泛和歪曲的传播，从前使他长时期成为罗马宗教裁判所里的常客。

教师要让学生自己筛选一切，不要仅仅因是权威之言而让他记在头脑里。亚里士多德的原则对他就不是原则，斯多葛派[19]和伊壁鸠鲁派[20]的原则也不是。要把这些丰富多彩的学说向他提出，他选择他能选择的，否则就让他存疑。只有疯子才斩钉截铁地肯定。

我乐于知道，也同样乐于怀疑。

——但丁[21]

因为，如果他通过自己的理念接受色诺芬[22]和柏拉图的学说，这些学说不再是他们的，而是他自己的。跟在人家后面的人，跟不到什么东西。什么都没找到的人，是因为他没寻找。

我们头上没有国王，让各人自己支配自己。

——塞涅卡

至少让他知道他知道什么。他必须吸收他们的思想精华，不是死背他们的警句。他可以大胆忘记从哪里学到的，但必须知道把道理为我所用。

真理与理智对谁都是一样的，不看谁说在前谁说在后。也不是根据柏拉图说的还是我说的，只要他与我理解一致，看法一致。蜜蜂飞来飞去采花粉，但是随后酿的蜜汁，这才完全是它们的。不管原来是荚莲还是牛至了。这也像学自他人的知识，融会贯通，写成自己的一部作品，以此表达自己的主张。他的教育、他的工作和研究，都用于对自己的培养。

让他把学到的东西藏之于心，把创新的东西呈之于外。剽窃者、人云亦云者炫耀的是他们造的房屋，他们购的东西，而不是他们学自他人的心得。你看不到一名法官收受的礼品，只看到他为孩子招来好亲事和猎取荣誉。没有人公开他的收入；每个人都不隐瞒他的获得。

我们在学习上的获得，才使自己更完美更聪明。

埃庇卡摩斯[23]说，有了理解才看见与听见，有了理解才可以利用一切，支配一切，才可以行动，掌握与统率：其余的东西都是瞎的，聋的，没有灵魂的。当然，不让理解有自由发挥的余地，就会失去活力与豁达。谁曾问过他的弟子，对西塞罗某名句的修辞与语法是怎么想的？他们只把这些句子一股脑儿往我们的记忆里装，仿佛是一点一画都有其重大含义的神谕。会背诵不等于懂，那只是把东西留存在记忆中。了然于心的东西不妨自己支配，不必看老师的眼色，也不必转睛对照书本。纯然的书本知识是可悲的知识！我可以接受它作为装饰，但不是基础，柏拉图也是这个看法，他说坚定、信仰、真诚是真正的哲学，其他另有目标的学科都是点缀而已。

我多么乐意当代杰出的宫廷舞蹈家帕瓦里或庞培，只要求我们观看他们表演，不必要离开位置就可以学会蹦蹦跳跳。这就像那些人要我们提高理解力却不要动脑子；要我们学骑马、掷标枪、弹琴或练声，又不要我们练习；要我们学习明辨是非和善于辞令，又不要我们说话和判断。要学习，眼前看到的一切都可以作为合适的教材：侍从的狡猾、仆役的愚蠢、席间的谈话，统统都是新内容。

最适宜于进行这样学习的是与人交往，还有就是到国外游历，不是像我们法国贵族那样，带回来的只是圣洛东达神殿有多少台阶，利维亚小姐的短裤多么精致；还有像另一些人议论从某些废墟出土的尼禄[24]头像，比某个金币上的头像长多少或阔多少；而是要带回这些国家的民族特性和生活方式，让我们的思想与他们的思想发生冲撞和相互磨砺。

我多么乐意孩子幼年时就带他游历，这样做一举两得，先到语言与我们相差较大的邻国去，语言若不自小训练，舌头不会灵活。

所以，大家通常认为，在父母身边培养孩子不是道理。骨肉之情会使即使最明白事理的父母过于心软，导致放纵。他们舍不得惩罚他的过错，看到他生活像常人一样随便和冒风险。他们也受不了他汗流浃背，满身尘土地操练回来，有热喝热，有冷喝冷。看不得他骑在烈性马上，手执无锋剑或拿起第一把火枪跟严厉的教师对抗。因为你若要他具有男子汉气概，别无良策，且不说青春年少时不能姑息，经常还有违于医学规律：

> 让他处于旷野，四周草木皆兵。
>
> ——贺拉斯[25]

不仅要磨砺他的心灵，还要锤炼他的筋骨。心灵若没有筋骨的辅助，会压力太重，独自难以承受两副担子。对此我深有体会，我的心灵就因身子那么单薄娇弱，压得它步履艰难。我在学习中读到，我的老师经常举例谈起，一个人铜筋铁骨，耐苦耐劳促成自己大智大勇。我见过一些男人、女人和儿童，天生强健的体魄，受一顿棍棒打比我被一根手指戳还不在乎，挨揍时不吭一声，不皱眉头。当竞技家模仿哲学家比赛耐力，他们的力量来自筋骨更多于心灵。工作中耐劳其实是耐痛：

> 劳动磨出耐痛的老茧。
>
> ——西塞罗

要孩子忍受训练的劳苦与疼痛，是锻炼他们经受脱臼、肠绞痛、灼伤，还有坐牢和苦刑的劳苦与疼痛。在我们这个时代，好人与坏人都会遇到后两种苦难，他或许也难以幸免。我们有例子为证。无法无天的人，正在用鞭子与绞索威胁精英分子。

再说，教师的权威对他必须是至高无上的，父母在场就会使权威中止与受到妨碍。知道自己的家族有财有势，再加上全家对他毕恭毕敬，以我之见，在这个年纪对他会有不小的妨害。

与人交往方面，我经常注意到这个缺陷，我们不去认识别人，而一心标榜自己，不思努力获取新知识而兜售自己的货色。沉默与谦虚是交谈中非常有用的品质。当这个孩子得到知识后，要教导他谦虚谨慎；有人在他面前说话不中听，听到不要怒形于色；因为抨击一切不合自己心意的东西，这是极不礼貌的讨厌行为。让他乐于自我改正，不要自己不愿做的事都怪别人，不要跟大众的习俗背道而驰。

做人聪明也可以不张扬，不傲慢。

——塞涅卡

要改掉飞扬跋扈的样子。还有这种年轻好强，要装聪明来显示能耐，指摘别人与标新立异图虚名。犹如只有大诗人才可在艺术上打破韵律的约束，同样只有一代风流人物可以在行为上不拘一格。

若有个苏格拉底和亚里斯提卜[26]行为诡异，放浪不羁，这不是说他就可以这样照着做；在他们的国家，超凡入圣的贤人才允许不拘小节。

——西塞罗

要教导孩子只有遇到工力悉敌的能手，才与他探讨与争论，那时也不使用一切可用的招数，而只用一些最有用的招数就够了。要教导他善于选择自己的论据，说话得体，也就言简意赅。尤其要教导他面对真理就要俯首帖耳，缴械投降，不论这是由对方说出来的，还是自己深思后体会的。因为一个人上了讲台就不要说些现成话。不是自己同意的事不要任意介入。凡是可以用钱贩卖忏悔和承认错误的自由的地方，不要参与那里的任何工作。

人不是非得捍卫一切文明规定的思想观点。

——西塞罗

他的教师若能按我的意思去做，他要让学生立志忠心耿耿对待君主，表现热情勇敢；但是纯然限于公务，其他私心都要打消。有了私交以后，坦率程度就会受损，带来许多不便；除此以外，一个人被雇用或收买后，他的判断就不会全面和自由，要不就会轻率和没有切中要害。

君主从成千上万臣民中选择了他，养在府里调教，这位侍臣除了取悦君王以外，没有权利，也不思说和想任何不悦耳的话。这种宠幸与功利关系很有理由妨碍他直言谏劝，也使他顾盼自雄。因而经常听到这些人的说话跟国内其他人不同，在这类事上很少值得相信。

让他语言中闪烁良知与美德，唯理智作为指引。让他懂得，若在论说中发现错误，虽然别人尚未感到，也要改正，这是判断与诚实的表现，也是他追求的主要品质；坚持与否认错误是常人的素质，愈庸俗的人中愈明显；补偏救弊，知过必改，当机立断放弃坏主意，这都是一种罕见的、强有力的哲学家风度。

要关照他，与人相处时要时刻留个心眼儿；因为我发现最前面的位子往往被平庸之辈占据，大富大贵的人不一定有才华。

我看见坐在餐桌上座的人，闲谈的是某块挂毯的华丽或希腊马姆塞葡萄酒的醇厚，而另一端的许多妙言隽句却没有人听到。

他要观察每个人的特长：放牛人、泥瓦匠、过路人；应该懂得利用一切，学习各人之所长；因为一切都是有用的；即使从别人的愚蠢和弱点中也可学到东西。仔细观察一个人的举止风度，心头就会产生想法，羡慕优雅的，鄙弃低俗的。

培养他锲而不舍、探究一切的好奇心。周围一切稀奇古怪的事都去看一看：一幢房子、一口井、一个人、古战场遗址、恺撒[27]或查理[28]大帝的行军道路：

怎样的土地在霜冻下变硬，在烈日下变沙粒，

怎样的风把帆船吹到意大利。

——普罗佩提乌斯[29]

他还要了解各个君主的习惯、实力和盟约关系。这些东西学起来饶有兴趣，知道了十分有用。

对人交往中，我还要包括——这很重要——那些生活在书籍与回忆中的人物。他通过历史了解伟大时代的伟大人物。看各人的意愿，可以是清闲的学习，也可以是富有成果的研究，如柏拉图说的，这是斯巴达人留给自己享用的唯一学习。在阅读普鲁塔克《名人传》时，他怎么不会大有收获呢？但是我的导师必须记住自己的职责所在，不要让学生死记迦太基[30]覆灭的日期，而要了解汉尼拔[31]和西庇阿[32]的性格；不要他知道马塞卢斯[33]在何地丧命，而要明白为什么他没有尽责才死在了那里。

老师不要他学那么多的历史故事，而要他去判断。在我看来，我们的智慧在这方面表现得最为不同了。我在李维[34]的著作中读到的一百件事，别人没有读到；普鲁塔克从中读到的一百件事，我又没能看出来，可能这是作者的言外之意。对某些人来说，这是纯然的语法学习，对其他人是哲学剖析，从中深入到人性最奥秘的部位。

在普鲁塔克著作中有许多长篇论述值得一读，因为依我看来他是这方面的一代宗师；但是也有许多论述只是一言带过，只是给有意深入的人指引方向，偶尔在关键问题上提个头。这些章节我们必须剥离，予

以适当阐述。比如他说亚洲的居民只服务于一个人，也发不出那个单音节的词："不。"可能是他说的这个词引起拉博埃西[35]的深思和灵机，写出了他的《自愿奴役》。

还可看到普鲁塔克从某人的生平中取出一件小事或者一个词，这看起来无甚意义，但却是一篇演说。可惜的是有识之士喜欢说话那么简要；无疑他们以此名声更隆，而我们这样做会名声更差。普鲁塔克宁愿我们赞扬他明辨是非，而不是学识渊博。他宁愿让我们多向他讨教，而不是使我们满足。他知道人们对好事总是说得太多，亚历山德里达斯很有道理责备那个过分给民选法官说好话的人："喂，外乡人，你说你该说的话，不要用这种方式。"身体瘦小的人塞麻布充胖子，脑袋空空的人用废话来填满。

广泛接触世界，有助于对人性的判断，可以做到洞若观火。我们都自我封闭，目光短浅，只看到鼻子底下的东西。有人问苏格拉底从哪儿来。他不回答说"从雅典"，而是说"从世界"。他经天纬地，把宇宙看做是自己的城市，从全人类的角度来议论他的学问、他的交往与他的感情，不像我们只顾到自己的眼前。

当我的村子里葡萄冻坏了，我的神父就引经据典说是上帝降怒于全人类，并断言野蛮民族快要渴死了。再看我们的内战，谁不大叫这个地球已经乱了套，最后审判的日子已经掐住我们的咽喉，没有想到以前有过更糟糕的事，天下百姓不还是在过从前好时光吗？

而我，尽管看到战争中胡作非为、逍遥法外的事，还是庆幸仗居然打得那么和风细雨。有人头上落下了冰雹，以为半个地球狂风怒号，雷轰电闪。那个萨瓦人说，要是这个法国笨国王善于理财的话，他可以当他的公爵的膳厨总管了。因为他的头脑想象不出还有比他的主子更高的位子了。我们都不知不觉陷在这个错误中，这是个后果极大、极有害的错误。但是谁在脑海中，犹如在一幅画中，想一想我们威严堂皇的大自然母亲的形象，可以看到她脸上气象万千，瞬息万变的表情，他就发现不仅是自己，还有整个王国，好似一个细小的圆点；这时人才能对事物的正确大小作出判断。

这个大千世界，有人还把它看做是恒河一沙，是一面镜子，我们必须对镜自照，从正确角度认识自己。总之我希望把世界作为我的学生的教科书。形形色色的特性、宗派、判断、看法、法律和习俗，教会我们正确判断我们的这些东西，提高我们的判断力去认识其不足和先天缺陷：这可不是轻松的学习。国家历经动乱，百姓受尽沧桑，要我们知道我们的历史也不会产生大奇迹。那么多的名字，那么多的凯旋与征服，都已湮灭在遗忘中，居然还希望抓 10 个轻骑兵，攻下一只因陷落而出名的鸡棚，欲要因此名垂青史，岂不是笑话。那么多极尽奢华的外交排场，高官显爵前簇后拥的宫廷礼节，使我们见惯君临天下的骄傲与自豪，再见到金碧辉煌的场面也不会眨一眨眼睛。千千万万人已先我们埋在地下，鼓励我们不要害怕到另一个世界跟他们结伴。其他事也是如此。

毕达哥拉斯[36]说，我们的人生犹如民众大集合的奥林匹克运动会。有的人锻炼身体为了获取比赛的荣誉，有的人带了货物出售为了谋利。还有的人——那也不是不好——来此没有其他目标，只是观看事情怎么和为什么是这样进行的，作为其他人人生的观赏者，以此作出判断和调整自己的人生。

从这些例子都可以适当提取出一切最有益的哲学观点，然后人的行为又可以哲学及其原则作为试金石。要告诉孩子，

> 人可以祈求到什么，
> 辛苦挣来的钱该用在哪里，
> 祖国、父母对我们有什么期望，
> 上帝要你做什么，给你确定什么任务，
> 我们生来是什么，目的是什么。
>
> ——柏修斯[37]

什么要知与什么要不知应该是学习的目的；什么是英勇，什么是克制与正义；雄心与贪婪、奴役与服从、放纵与自由之间有什么区别；什么是识别真正与切实的满足；对死亡、痛苦与耻辱应该怕到什么程度。

> 困难怎样避免，怎样忍受。
>
> ——维吉尔[38]

什么事促动我们前进，心中那么多波动又是什么道理。我觉得儿童启智课文，里面的内容必须在今后可以调整他的习惯与意识，教育他认识自己，让他知道如何死得有意义，活得有价值。至于七门自由艺术[39]，一开始应授以使我们心灵自由开放的艺术。

这七门艺术对我们养性怡情都是有益的，其他一切东西也是有益的。但是让我们选择直接和实际用得上的那种。

如果我们懂得把人生的方方面面都限制在适当与自然的范围内，就会发现目前沿用的大部分学科都是用不上的。即使在有用的学科中，过于广泛和深入的东西也是很不实际，我们不妨也将其摒弃，按苏格拉底的教育观，在我们的学习中限制缺乏实用性的学科传播。

> 大胆做个聪明人，行动吧！
> 生活中畏缩的人就像那个乡下人，
> 等着水退后才敢过河，
> 可是河水流上千年也不会枯。
>
> ——贺拉斯

教孩子星相学，第八星球的运转，然后又是他们自己的星相，这是绝对的幼稚。

> 双鱼座、标志激情的狮子座、
> 西方海中的摩羯座有什么力量。
>
> ——普罗佩提乌斯[40]

> 昴宿星座、牛郎星座
> 对我又能做什么？
>
> ——阿那克里翁[41]

阿那克西米尼[42]写信给学生毕达哥拉斯说："死亡与奴役总是近

在眼前，我还有什么心思去玩星座的秘密？”（因为那时波斯国王正在准备战争攻打他的国家。）每个人都应该这样说：“当我时时受野心、贪婪、鲁莽和迷信的袭击，内心又存在着人生中其他类似的敌人，我还会去对地球的运行胡思乱想吗？”

教会了如何使他变得聪明与优秀的东西后，那时才跟他说什么是逻辑、物理、几何和修辞。由于有了相当的判断力，他选上无论什么学科，都会很快精通。授课方式可以采取闲谈或课文讲解，有时教师给他准备有利于这样教育目的的作者选段，有时给他提供详细讲解的精华篇章。如果教师自己不熟悉某些书籍，对其中的要义比较陌生，为了完成自己的意图，可以请某个文人来辅助，逢到需要时提供必要的材料，整理后发给孩子。

谁还会怀疑，这样授课不是比希腊语法学家加扎[43]更轻松更自然。加扎只会讲些晦涩难懂、索然无味的教条，空洞枯燥的字句，叫人没法领会，也不会启发心智。依我说的，心灵就会找到哪儿有粮食，哪儿得到营养。结出的果子硕大无比，也更快成熟。

令人不解的是，在我们这个世纪事情竟会发展到这个地步，即使对于有识之士，哲学也是个空洞虚幻的字眼，无论在大众心目中还是实际生活中都是毫不实用，没有价值。我相信个中原因是诡辩学家霸占了通往哲学的道路。

给哲学画上一幅皱眉蹙额、狰狞可怕的脸谱，使孩子不得接近，这是大错特错。是谁给哲学戴上了这个苍白丑陋的假面具？其实没有什么比哲学更加轻松愉快乐呵呵，我差点儿还要说挺逗人的呢。它只劝诫说欢度时光，好好享乐。愁眉苦脸的人在那里只说明他待错了地方。

语法学家德梅特利乌斯，在德尔斐[44]神庙遇到一群哲学家坐在一起，对他们说："要么是我错了，要么你们那么平静愉快，不是在热烈讨论。"其中一个人，梅加拉的赫拉克利翁[45]对此回答说："只有研究希腊动词'我扔'是否有两个人，或者研究'更坏'、'更好'比较级，'最坏''最好'最高级如何派生的人，才在讨论问题时皱眉苦脸的。哲学推理历来都使讨论的人高高兴兴，非常愉快，不是皱着眉头，满脸丧气。"

身子不适，让人看出心灵不安，

欣喜愉悦也可猜测，

因为面孔表现出这两种状态。

——朱维纳利斯[46]

心灵里留住了哲学就会健康，也会促进身体健康。心灵的安详平和也会反映在外，用哲学的模子塑造人的外表，最终养成他温雅自豪、轻捷活泼、满足和气。智慧的最显著的标志是长乐；犹如月亮王国里的事物，永远清朗。这是三段论的胡诌使学哲学的弟子沾上不白之冤，而哲学本身是无辜的，他们只凭道听途说而接触哲学的。哲学的职责不是按照凭空想象的本轮说，而是通过自然、可以触摸的推理，去平息心灵的风暴，学习笑的渴求与热望。哲学的宗旨是美德，不是像经院派[47]说的，高高竖立在陡峭崎岖的山顶上高不可攀。

接近过哲学的人，相反会认为它是种植在一片美丽肥沃、繁花如锦的平原上；从那里看下面事物一目了然。你若熟悉地址，也可通过绿树成荫、花草点缀的道路，愉快地走在一条平坦的缓坡上，犹如走上了天穹之路。崇高的品德，美丽，昂扬，令人生爱，既温存又勇敢，跟尖刻、乖戾、害怕和束缚水火不相容，它以本性为指引，跟机缘和快活做朋友；还有人与品德从来无缘，因这个缺陷，于是把哲学说成是个愚蠢、愁眉苦脸、爱吵架、痛苦、凶相毕露、阴沉的怪物，伫立在偏僻山顶的荆棘丛里吓唬过路人的鬼魂。

我的教师认识到让学生心中对美德充满敬意，还要在心中同样或更多充满感情；要会对他说，诗人反映了大众的情操，让他就像手指碰上一样切实领会，奥林匹克诸神在通往爱神维纳斯小室的路上，比在通往智慧女神雅典娜小室的路上，洒下更多的汗水。

当孩子有自我意识时，给他介绍布拉达曼或安琪丽克[48]作为嬉乐的伴侣。一个美得天真活泼，大方，英气勃勃，但不是男相；相比之下，另一个美得有点儿病态，矫揉造作小心眼；一个穿男式衣衫，戴闪光的头盔，另一个穿裙衩，戴镶珠无边帽。

要是他作出的选择与女人气的弗里吉尼牧羊人[49]大不相同，教师会认为他在爱情上也阳刚气十足。那时教师再教他一门新课：真正美德的价值与崇高在于实施时感到轻松愉快，做了有用的事不感到任何困难，儿童与大人、老实人与细心人都可以同样去做。它的推行工具是调解，不是强制。苏格拉底是美德的第一个宠儿，有意识地放弃强制，而是自然轻松地进入了这个境界。这是人生乐趣的乳母。她使乐趣正正当当，也使它们可靠和纯洁。她若压制乐趣，就会让人急不可待要尝试。她取消她所拒绝的乐趣，刺激我们转向她所留下的乐趣。她把天性所需要的乐趣让我们充分享受，如慈母般的尽情满足，而不至于过度（或许我们不愿说节制是我们乐趣的敌人，因为要在酒客未醉前制止他喝，食客未胀胃前制止他吃，好色者未变秃子前制止他玩）。

如果她得不到一般人的命运，她就避开它，放弃它，给自己创造另一个属于自己的命运，不再摇摆彷徨。她知道怎样富有、强大和有学问，躺在有麝香味的床垫上。她爱人生，她爱美、光荣和健康。但是她的特殊使命是知道如何有节制地使用这些财富，也知道这些财富时时在消失。这个使命艰难，然而更加崇高，人生过程中没有它就会不合自然规律，动荡，崎岖，那样就避不开那些暗礁、荆棘和妖魔鬼怪。

如果这位学生另有一种不同的禀性，爱听奇谈怪论，胜过听美妙的旅行和聪明的讨论。战鼓声使同伴热血沸腾，他听到却转过身去给别人叫去看街头的艺术表演。他以自己的爱好认为满身风尘从战斗中凯旋，不比在网球场或舞会上大出风头更欢快更怡然，对这样的人我没有其他办法，只有让他的教师早早趁没人在场时把他掐死，或者送他到某个像样的城镇里当糕点师，即使他是个公爵的儿子，因为根据柏拉图的教导，培育孩子不是按照他们父亲的资质，而是他本人的资质。

既然哲学是教导我们生活的学问，儿童时代和其他时代都可以从中得到教育，为什么不能也教他们哲学呢？

黏土又湿又软时，应该赶快行动，

让灵活的转盘把它塑造成功！

——柏修斯

当人生过去后才有人教我们怎样生活。许多学生染上了梅毒，才学到亚里士多德关于节欲的课程。西塞罗说他就是活上两个人生，也不会花时间去读抒情诗人的作品。我觉得这些诡辩学家真是庸碌得叫人可怜。我们的孩子更为紧迫，他只是在人生的最初十五六年期间求学，其余的岁月投身于行动。

必要的教育要在那么短的时间完成。时间不要滥用，删去辩证法中一切繁琐、牵强附会的东西，这些改善不了我们的生活；选择简单明白的哲学论述，其实比薄伽丘[50]的故事还要容易理解。孩子从喂奶时起就能够接受，这比学习识字与书写还重要。哲学中讨论人的衰老，也讨论人的诞生。

我赞同普鲁塔克的看法，亚里士多德让他的大弟子亚历山大[51]听了兴奋不已的，不是三段论法的组成技巧或者几何原则，而是关于勇敢、胆略、慷慨、节欲和保持大无畏精神的训诫。当他还是青春少年时，亚里士多德让他带了这份精神武器去征服全世界的帝国，随军只有三万名步兵，四千匹战马，四万两千埃居。普鲁塔克说，亚历山大还是非常尊重其他艺术与学科，赞扬它们高雅怡情；但是尽管他饶有兴趣，要让他本人热心推广还不是一件易事。

年老年少，都可找到心灵的支柱，

对于白发人更是一种倾诉。

——柏修斯

伊壁鸠鲁给迈尼瑟斯的信是这样开头的:“但愿少年时不避开哲学,老年时不厌烦哲学。”这好像在说,谁不这样做,不是还没有机会活得幸福,便是再没有机会活得幸福。

说了这么多,我可不愿意人家把这个孩子当成囚犯。我不愿意把他交给一位喜怒无常的教师。我不愿意损害他的心灵,像时下的要求,约束他每天十四五个小时的工作,像个脚夫那样辛苦。由于生性孤僻忧郁,不知爱惜地过分专注于学习,而我们听之任之,我认为这也不好。这会使他们拙于辞令与人交谈,错过更好的工作机会。

我见过多少同时代的人贪求知识,而傻了脑袋?卡涅阿德斯[52]就是书读得疯疯癫癫,连刮胡子修指甲也无暇顾及。我不愿意别人的不文明与粗野损及他仪表堂堂。法国的智慧在古代早有定论,历史悠久却不长久。说真的,我们今日看到的法国孩子,其温雅举世无双;但是他们一般都够不上我们所抱的期望;长大成人后毫无出众之处。我听到那些有识之士说那样的学校遍地皆是,孩子送了进去都被教得傻里傻气。

对我们那个孩子来说,一间书房、一座花园、桌子与床、独处时、有伴时、白天与晚上,一切时间、任何地方都是可以用来学习的。因为哲学作为判断与习惯的培训师,将是他的主要课目,也就有融入一切的特权。演说家伊索克拉特[53]在一次宴会上,有人请他谈谈自己的艺术,他回答说："现在不是做我会做的事，现在是做我不会做的事。"大家都认为他说得很有道理。因为大家相聚在宴席上是为了说说笑笑、品尝美食，在这时候发表演说或者引起修辞学辩论，岂不是不伦不类，大煞风景。

其他的学科也可以这样说，但是哲学有一部分谈的是人与他的义务职责，这是所有聪明人一致的评语，因而为了使交往融洽，在宴席和游戏中都不应拒绝谈哲学。柏拉图把哲学请到了他的餐桌上，我们看到它如何使宾主都感到轻松，时间与地点十分合适，虽则实际上是在讲述最高尚、造福大众的理论：

> 对穷人与富人同样有用，
>
> 老的小的忘了它皆要受损。
>
> ——贺拉斯

因此，毫无疑问，他不会比别人闲着。但是就像我们在藏画室里慢慢欣赏，走的步子即使比走往一个既定的目的地要多上三倍，也不会叫我们疲惫；我们的授课也是这样，都像是不经意间谈了起来，不限定时间与地点，天南地北海聊，将在不知不觉中结束。

游戏与运动将占一大部分学习：跑步、角斗、音乐、舞蹈、狩猎、骑马、练习刀枪。我希望在塑造他的心灵的同时，也培养他的举止、待人处世与体魄。这不是在锻炼一个心灵、一个身体，而是在造就一个人；不该把这两者分离。如柏拉图说的，不应该训练中顾此失彼有所偏重，而是同样训练，就像一根辕木上同时驾驭两匹马。听他这么说，好像没有给予体格锻炼更多的时间与关注，还认为精神与身体可以同时进行，而不是相反。

此外，这类的教育要宽严结合进行，不是像时下所做的那样，不是让孩子去接近文艺，而是让他们看到的尽是恐怖与残酷。请不要给我谈暴力与强权。依我之见，没有东西比它们更加戕害和迷误善良的天性。您若想要他懂廉耻，怕惩罚，就不要让他对此麻木不仁。但是要让他对他应该蔑视的汗水、寒冷、狂风、烈阳和各种风险麻木不仁。在穿着、床铺、饮食方面不要娇生惯养；让他适应一切。不要他做个娘娘腔的小男人，而是强壮的青少年。

不论童年、中年、老年，我一直这样相信，这样判断。但是特别令我不悦的是我们大部分学校的这种教育法。若多一点宽容，说不定危害性要减去不少。这是一座真正的少年犯拘留所。在他们没有堕落以前就惩罚他们堕落，才使他们真正堕落了。不妨在他们上课时候去看看，您只听见孩子的求饶声和教师的怒吼声。对着这些幼小害怕的心灵，面孔铁青，手执鞭子赶着他们，这算是什么样的启智求知的好方法？这种方式极不公正和有害。

在此还可以加上昆体良[54]的精辟见解，他说这种专横的师道尊严会带来严重的后果，特别是体罚的使用。教室里放满花草，要比悬挂鲜血淋漓的柳条合适得多！我让教室洋溢欢乐喜悦，出现花神与美惠之神，就像哲学家斯珀西普斯[55]在他的学校里所做的一样。什么对他们有利，要愉愉快快去做。有益孩子健康的肉加的是糖水，有损孩子健康的肉加的是苦水。

妙的是柏拉图在《法律篇》中十分关注他的城市青年的娱乐与消遣，详尽阐述他们的赛跑、竞技、唱歌、跳高、舞蹈等活动，还说古代把这些事的掌管和主持工作交给了神：阿波罗、缪斯和密涅瓦。

他谈及他的体育观发挥了无数的看法；对于文艺则涉猎不多，好像只是在提到音乐时才专门谈一谈诗歌。

在举止习惯中避免有怪异行为，视同如交流与社交中的大敌，像妖魔一样可怕。亚历山大的御厨总管德莫丰，在阴影下会出汗，在阳光下会发抖，谁对他的体质不感到惊讶？我还见到有人闻到苹果味比遇到火枪射击还要躲得快。有人怕老鼠，有人看到奶油或拍羽毛床垫就反胃，像日耳曼尼库见不得公鸡，也听不得公鸡叫。

这里面或许有什么隐情，但是依我看来及早注意是可以克服的。这方面我受教育之惠很多，当然这一切没有少费心，除了啤酒以外，我对任何果腹的东西一律很合胃口。当身体还听话时，应该让它适应一切生活方式与饮食习惯。只要胃口与意愿尚可控制下，应该放心大胆让青年去适应各个民族与地区的生活，若有需要，甚至也可以放纵荒唐一下。

按照习俗的需要训练他。让他会做任何事，但是爱做的只是好事。卡利斯提尼斯因为不愿意陪着他的主子亚历山大大帝狂饮而失宠于他，即使那些哲学家也对他这个行为不以为然。他该跟他的亲王一起笑，一起玩，一起寻欢作乐。我甚至要他在寻欢作乐中，比他的同伴精力更充沛、兴致更高。他不去做坏事不是因为力气不济，窍门不懂，而是没有这个心。

不愿做坏事与不会做坏事，有天壤之别。

——塞涅卡

我想向一位领主表示敬意，他在法国从不像常人纵情作乐；我问他在德国为了国事一生中有多少次在贵宾面前喝醉过。他确曾为此喝醉过，回答我说有过三回，还都说了出来。因而我知道，没有这份天赋要为国家效劳，还真会遇到莫大的困难。

我经常注意到阿西皮亚德斯[56]的卓越天性不胜钦佩，不管环境如何不同都能应付自如，身体毫无损伤。时而比波斯人还奢华侈靡，时而比斯巴达人还刻苦朴素；在斯巴达是个弃邪归正的人，在爱奥尼亚是个追求享受的人，

任何衣着、境况、命运，

亚里斯提卜都满不在乎。

——贺拉斯

我要把弟子培养成那个样，

穿上破衣毫不在乎，

穿上华服毫不矫饰，

贫富皆潇洒的人让我赞美。

——贺拉斯

这些就是我讲授的课。实施的人比知道的人获益更多。您明白了

他，就会听他；您听了他，就会明白他。

在柏拉图的对话中有人说：“上帝不是要谈哲学就是学习许多东西和探讨艺术！”

> 重中之重的艺术是生活的艺术，
>
> 靠生活而不是靠学习获得。
>
> ——西塞罗

弗里阿斯人的君主莱昂问毕达哥拉斯[57]，他教什么学科，什么艺术。他说：“我不懂学科，也不懂艺术；但我是哲学家。”

有人指责第欧根尼[58]，说他什么也不懂却去搞哲学。他说：“就是这样才更适合我搞。”

赫格西亚斯[59]请第欧根尼给他念一本书，他回答说：“您真逗，您选择无花果时要选真的，天然的，不是画出来的；您选择生活行为时为什么不选真的、自然的、不是写出来的呢？”

他学了课本知识后不要多说，而要多做。在行动中重复贯彻。要看他做事是否审慎小心，行为是否善良公正，谈吐是否优雅有见地，得病时是否刚强，游戏时是否谦让，享乐时是否节制，口味上对肉、鱼、酒或水是否挑剔，经济上是否处理得当。

> 谁不把学问当作炫耀的话题，而当作生活的准则；
>
> 谁就懂得自律，遵守本人的原则。
>
> ——西塞罗

我们的人生过程才是我们言行的真实镜子。

有人问泽克斯达姆斯[60]，斯巴达人为什么不把他们的勇武条例写成文字，给年轻人阅读，他回答说："这是他们要让年轻人去对照行动，不是去对照书本。"拿我们中学的拉丁语学生比一比，到了十五六岁，花了那么长时间只是学习说话！世界上充满废话，从来没有见到一个人会说话太少，而总是会说话太多。我们半生岁月就随之而去了。他们让我们用四到五年听单词，做句子；然后又用同样长的时间写成一篇长文，内分四五个部分；然后又至少再用五年学会把这些编制成一篇精雕细刻的文章。这种事还是让那些以此为生的人去做吧。

一天去奥尔良[61]的路上，我在克莱里这边的平原上遇到两位艺术教师正往波尔多[62]去，一前一后相差五十步。在他们身后较远处，我发现一群人，为首的那位主人就是已故的德·拉·罗什富科伯爵大人。我的一名随从向走在前面的教师打听，在他后面过来的贵族是谁。那人没有看到随后还有一大帮人，以为是指他的同伴，风趣地说："他不是贵族，他是语法学家，我是逻辑学家。"

而我们这里相反，要培养的不是语法学家或逻辑学家，而是贵族。让他们闲着就闲着吧，我们其他地方还有正经事呢。但是我们的弟子要懂的是事情，懂了事情话自会来的，即使话不是立即跟上，他也会慢慢说出来的。我听过有些人谦称自己不善于辞令，装得满腹经纶，但是缺少口才，无法把它们表达出来。这是个托词。您知道我对此是怎么看的吗？这是他们学到的观念不完整，理解也不清晰，没法梳理和领会其中的道理，也就不能够阐明：这是他们还没有做到心中有数。

看到人家在创作时结结巴巴说不清楚，您可以判断他们的工作还不到分娩的时刻，只是还在怀孕，只是还在舔不成形的胚胎。就我而言，我坚持，而苏格拉底也这样说，谁心里有了一个明确清晰的概念，总是能够表达出来的，用意大利的贝加莫土语，若是哑巴还可用脸部表情。

牢牢抓住主题，语言必然跟在后面。

——贺拉斯

还有塞涅卡把自己的散文也说得诗意盎然：

事情熟稔于心，语言随之而来。

西塞罗则说：

事物推动词语。

他不懂什么希腊语夺格、连词、名词和语法；他的仆人和小桥上的卖鱼婆也都不懂。您若有意，可以跟他们谈得非常投机，使用语言规则有时几乎不比法国最好的文科教师逊色。他不必懂修辞学，也不用先来一段开场白吸引“公正读者”的注意；他不用操心去知道这些。说实在的，朴实无华的真理发出光彩，使任何华丽的描绘相比之下都会黯然失色。

文字精雕细刻只对取悦大众有用，他们吃不下更有分量和营养的肉，塔西佗[63]笔下的阿佩尔[64]就是明证。萨摩斯岛的使者前来觐见斯巴达国王克里昂米尼，准备了一篇声情并茂的长篇演说，要打动他对波利克拉特暴君发动战争。国王让他们把全文念完，对他们说：“讲话的开头部分已经记不起来；也影响到了中段；只听到你们的结论，那是我不愿意做的。”我觉得这是一个绝妙的回答，给喜欢掉书袋的人当头一棒。

另一人又怎么样呢？雅典人要在两位建筑师中选一人建造一项大工程。第一位装腔作势，针对这工程的主题事前准备了一篇美丽的演说，争取到民众的好感。但是另一位，只说了三句话：“雅典各位大人，那位说到的事，我都会做到。”

当西塞罗的辩才达到登峰造极时，许多人都不胜钦佩；但是小加图[65]只付之一笑，说：“我们有个讨人喜欢的执政官。”不论放前还是放后，有用的名言佳句总是讨巧的。即使与前言后语都不搭配，其本身也可以欣赏。我则不是这样的人，认为押韵对的就是好诗；让他高兴时就把一个短音节拉长吧，这没关系。如果他的创新受人欢迎，如果他的思想与判断得到良好的效果，我说这是一位好诗人，但是个不谙韵律的人，

> 他的诗情高雅，但是文句粗糙。
>
> ——贺拉斯

贺拉斯说，在他的作品中要看不出一切斧凿痕迹和格律，

> 抹去韵脚与音步，改变词序，
> 把开头的词放到最后的位置，
> 看出诗人的心意遍布其间。
>
> ——贺拉斯

即使这样也不会误了他；诗篇依然很漂亮。米南德[66]答应写一出喜剧，日子近了他还没有着手写，对人家的责怪这样回答：“结构都已酝酿

成熟,只待填进诗句就可以大功告成。”他已胸有成竹,其余的细节也就不在话下。

自从龙沙[67]和杜·贝莱[68]使我们的法国诗歌享有盛名以来,我还没见过一个小学徒,写句子不是夸夸其谈,抑扬顿挫,像在学他们的样。

声音响亮,内容空洞。

——塞涅卡

在普通人眼里,从来没有那么多的诗人。但是他们的韵脚虽易学,龙沙的丰富描写和杜贝莱的精微创新,决不是他们能够摹写一二的了。

但是,如果有人用三段论繁琐的诡辩伎俩强迫孩子学习:“火腿让人想喝,喝了就能解渴,火腿是用来解渴的。”那该怎么办呢? 让他对此一笑了之。一笑了之还比回答更微妙。

让他向亚里斯提卜用这句俏皮的反驳:“捆上了绑也给我麻烦,我为什么再去给他松绑?”有人建议克里西波斯用辩证法技巧去对付克里昂特斯,克里西波斯对他说:“你跟儿童去玩这些把戏吧,别把成年人的正经思想引到这条歧路上去。”如果用这些愚蠢的遁词:“晦涩难解的诡辩,”让孩子去相信一个谎言,这是危险的。但是如果这些遁词不产生效果,只是让他发笑,我也看不出为什么要让他防着不去接触。

世上就有一些愚人,为了一句妙言,不惜跑出一里路去追;

有的人不是让词句去适应题目,而是离开题目去寻找词句可以适应的东西。

——昆体良

另一人说：

有些人为了用上他们喜爱的一个词，不惜去做他们本来无意去做的题目。

——塞涅卡

而我更愿把一个好句子扯下，缝在身上，而不是扯下我的思路去用上好句子。相反，要让语言服务主题，紧跟主题，法语若表达不清，就让加斯科涅[69]语去表达！我主张内容突出能够占领听者的想象，以致他竟记不起原话。我喜爱的语言是一种朴实无华的语言，口头的与书面的都是如此；满含激情，简短有力，不要四平八稳，也不要亢奋急促。

冲击心灵的文体才是好文体。

——卢卡努[70]

宁可难懂也不要讨厌，做作，凌乱，松散，胡诌；每段要自成一体；不迂腐，不经院式，不讼师式，但是宁可是士兵式，像苏托尼厄斯[71]这样称朱利乌斯·恺撒的语言；尽管我不太明白他为什么这样说。

我曾乐意模仿我们年轻人这身随随便便的打扮，大衣斜披，披风搭在一只肩上，一只袜子不拉直，这种怪异装扮表现目空一切的自豪感和散漫的艺术性。可是我觉得在语言上更适宜应用。任何形式的做作，尤其表现在法国式的开心与自由上，对于朝廷大臣是不合适的。而在一个君主国家，每个贵族都应该按朝廷大臣的方式去训练。因而我们何不稍稍偏向自然与放松。

我不喜欢服装上露出接头与线脚，同样，在一具美丽的肉体上也不可以看见骨骼与血管。

为真理服务的言辞应该朴实无华。

——塞涅卡

有谁说话前思后想的，除非他要说得矫情十足。

——塞涅卡

追求生动使我们偏离内容，造成实质的损失。

使用奇装异服引人注目，是小气行为。同样，语言上使用怪句子与生僻字，是出于一种幼稚迂腐的奢望。我只求使用巴黎菜市场里说的话！语法学家亚里斯多芬[72]对此一窍不通，还指责伊壁鸠鲁用词简单和他那只要求说得明白的演说目的。模仿说话由于容易全民都会做到。模仿判断和创新，就不是那么快见效。大部分读者由于找到了一件相似的袍子，错误地认为他们都有相似的身材。

力量与灵气是借不来的，服饰与大衣可以借来借去。

跟我常来常往的人中间，大多数说话都像我的《随笔集》，但是我不知道他们的思想像不像《随笔集》。

（据柏拉图说）雅典人注重说话内容丰富，措词文雅，斯巴达人要求简短扼要，克里特人讲究理念丰富重于语言丰富。克里特人要胜过其他人。芝诺说他有两类弟子，第一类他称为语史学家，求知欲强，是他的得意门生；另一类是文体爱好者，他们只关心语言，这不是说说得好不是件好事，但总没有做得好那么好，而且一辈子为了这件事忙乎，怎么叫我不烦。

我首先要做到的是熟悉自己的语言，其次与我常打交道的邻居的语言。希腊语与拉丁语无疑是美丽严谨的语言，但是要学好需花太大的代价。我在这里介绍我自己试过的一种方法，要比通行的简易得多，有意者不妨一试。

先父竭尽个人之力，在学者和有识之士之间进行过各种研究，要创造一种良好的教育形式，发现了目前的流弊。有人对他说，我们现在花费多年去学习古希腊人和罗马人轻易会说的语言，这是我们为什么达不到古希腊罗马人博大精深的唯一原因。我不相信这是唯一原因。

好在父亲找到了替代办法，我还在吃奶和开口说话前，把我交给了一个德国人。那人不懂我们的语言但精通拉丁语，后来客死法国时已成了名医。父亲有意重金礼聘，要他对我日夜耳提面命。他还请了两个学问稍差的人跟随我左右，减轻德国人的工作。那些人对我只说拉丁语。至于家里其他人，立下一条不可违背的规矩，就是他本人、母亲、仆人、侍女只要跟我一起，尽量用他们每人学到的拉丁词混在句子里跟我说话。

人人都获益匪浅。父亲与母亲学了足够的词汇可以听懂，遇上需要还足够应付使用，侍候我的其他仆人也是这样。总之，由于我们之间经常用拉丁语交谈，连带四邻的村庄也受到了影响，有不少工匠和工具的拉丁名称在当地生了根，还沿用至今。而我已过了 6 岁，听懂的法语或佩里戈尔方言不比阿拉伯语多。没有刻意去学，没有书本，没有语法或规则，没有鞭子，也没落过眼泪，我就学成了拉丁语，跟我的学校老师懂得一样纯正，因为我不可能把它混淆和窜改。因此，按照学校规定的作文课上，给其他学生出题目是用法语写的，给我是一篇用蹩脚拉丁语写的文章，由我改写成道地的拉丁语。

著有《论罗马人民集会》的尼古拉·格鲁奇，亚里士多德的注释者纪尧姆·盖朗特，苏格兰大诗人乔治·布坎南[73]，法国与意大利公认的当代最优秀的演说家马克·安东尼·缪莱[74]，都做过我的家庭教师，经常对我说我自幼学习拉丁语，用来得心应手，他们简直不敢跟我交谈。布坎南后来我见过，当了已故的德·布里萨克[75]元帅大人的幕僚，他对我说他正在准备写一部儿童教育的著作，要拿我的童年教育做例子；因为他那时正在调教元帅的儿子德·布里萨克伯爵，我们都知道他日后多么高尚勇敢。

至于希腊文，我几乎一窍不通。父亲计划让我通过一种游戏结合练习的新方法强化学习。我们两人对垒，交替背诵变格；就像有的人玩下棋来学习数学与几何。有人向父亲提过建议，其中一条是让我对学问与做人道理感兴趣，不能强迫我的意志，而要我自己产生欲望；在温情与自由中培育心灵，不要严厉与束缚。有人认为早晨把孩子惊醒，从睡眠中突然强拉出来(他们比我们睡得沉)，会损害他们娇嫩的头脑，我要说父亲做得到了迷信的程度，他要用一个什么乐器声唤醒我，我身边也从不缺少一个演奏的人。

从这个例子可以推知其余一切，并且借此推荐这样一位好父亲的谨慎与爱心，作出这样细致的教育安排，若没有得到应有的果实，那就不是他的过错了。这里面有两个原因：土地贫瘠，不宜种植；因为尽管我身体结实健全，天性则温和好说话，同时还无精打采，昏昏欲睡，以致人家没法叫我摆脱闲散，甚至叫我去玩也不行。看在眼里的东西会很好理解。鲁钝的外表下，头脑里的想象却很大胆，看法也超过自己的年纪。思维慢，要我想到哪里就是哪里。理解迟钝，创见不多，最要不得的是记忆力差得令人没法相信。因此父亲在我身上没有得到什么有效的成果也就毫不奇怪了。

其次，像病急乱投医的人，到处去询问各种各样的看法。我的好父亲极端害怕他那么关心的事情失败，最后竟附和大众的意见，也就是像一群鹤，跟着前面的飞，当那些曾经用他从意大利带回的启蒙教本教过他自己的人纷纷离开以后，也就屈从习俗，6 岁时把我送入了当时办得欣欣向荣，也是法国最好的居耶纳中学。

在那里，即使他有心也不可能要什么加什么，给我选择足可胜任的家庭教师，在学科的其他方面给我保留有悖于校规的特殊做法。毕竟，这是一所学校。我的拉丁语立即走下坡路，此后由于生疏也就完全荒废了。新教育对我的好处就是让我一步跨进高年级班。因为在 13 岁离开学校时，我完成了(他们所称的)我的全部课程，事实上没有一点可以让我学以致用的东西。

读了奥维德[76]《变形记》里的故事很开心，也使我初次对书籍感到兴趣。因为，约七八岁时，我避开其他一切玩乐偷偷去读这些故事。尤其这种语言是我的母语，这本书我读来最容易，从内容来看也最适合我这样幼年的人。诸如《湖中的朗斯洛》、《阿马迪斯》、《波尔多的于翁》这类儿童喜爱的低俗读物，我连个书名也不知道，更不用说内容了，因为我的纪律是很严格的。

我在阅读其他规定的课文时更加无精打采。那时，正好碰巧遇到了一位很有见地的辅导老师，他知道怎样跟我与跟我同样胡来的人心照不宣。这时，我一口气读完了维吉尔的《埃涅阿斯纪》，然后泰伦提乌斯[77]，然后普洛图斯[78]、意大利喜剧，总是被温情的故事深深吸引。假若他当时发了疯禁止这类阅读，我相信我从学校带走的只是对书籍的憎恨，我们的贵族阶层差不多都是这样的。

那位教师处理得很巧妙。他装得什么都没看见，只让我暗中贪读这些书来刺激我的欲望，同时又和蔼地引导我在正规课程上作出努力。因为父亲把我交给那些教师，要求他们的主要品质是和颜悦色，温存宽厚。因此我的毛病就不外乎松垮懒散。要提防的不是我做坏事，而是我不做事。没有人预测我会成为坏蛋，而是我会成为废物。大家在我身上看到的是游手好闲，不是诡计多端。

我觉得事情果然是这样来了。在我耳边聒噪的是这样的埋怨声：“无所事事，对亲友冷漠无情，对公共事务漠不关心；私心太重。”最不公正的人不说：“他为什么拿了？他为什么不付钱？”而说：“他为什么不免了？为什么不给？”

人家要我只是做这类额外工作，我会乐意接受。但是他们要求我去做我不该做的事，态度比对待自己该做没做的事还严厉，那就不公正了。当他们罚我做某件事时，抹煞了这个行动的好处，以及为此要向我表达感激之情；其实我主动做的好事应该说分量更重，由于我并不欠谁什么。财富愈是我的，我愈是可以自由支配。可是我若是把自己的行动巧言花语粉饰一番，可能就可以把这些责难挡了回去。我要告诉某些人的是，他们不要为我可以做得更多，而今做得不够而那么生气。[79]

同时在我心灵中，还会频起波澜，对外界之物作出可靠坦率的判断，关在房内独自细细思忖。最主要的是我坚决相信我的心灵决不会向强力与暴力投降。

我是否该提一提我童年的这些优点，如神态自信，声调轻快，动作灵活，才会符合我所扮演的各种角色？因为不到年龄，

> 我才刚到十二岁。
>
> ——维吉尔

我在布坎南、盖朗特、缪莱的拉丁悲剧中，扮演主角，戏在居耶纳中学[80]隆重上演。安德烈亚斯·戈维亚努斯[81]校长在这方面，也与他职务中的其他方面，堪为法国最了不起的中学校长，无人可望其项肩。我也被大家视作为行家好手。这个活动我不反对贵族子弟参加，也见过我们一些亲王自己上台客串，像古代王公一样认真可嘉。

在希腊，贵族子弟以演戏为职业也是允许的：

> 他向悲剧演员阿里斯顿[82]透露自己反对罗马的计划。阿里

斯顿出身名门，家财万贯，他的职业并不辱没他的身份，因为在希腊演戏不是件下贱的事。

——李维

我总是指出谴责这些娱乐的人说话不妥当，拒绝正规戏班子进入大城市，剥夺老百姓大众娱乐的人不公平。良好的市政管理不仅要把市民组织起来出席严肃的宗教仪式，也要参加文体活动；那样才会增加交往与友谊。再说，在行政长官和众人面前举行，还有什么比此更加规规矩矩的娱乐呢。行政长官与亲王出资举办一些文体活动娱乐大众，显示父母官的好意，在人口众多的大城市有专门的场地提供给这样的演出，借此消除隐蔽的坏事，我认为这是合情合理的。

再让我们言归正传，重要的莫过于激发孩子的渴求与热情，否则培养出来的只是驮书本的驴子。对驴子才要用鞭子抽打保住满口袋的学问；学问要做到有用，不是让它留在我们的房间里，而是要与它成亲。

注释

[1] 亚里士多德(公元前 384—前 322)，古希腊哲学家和教育家。

[2] 普鲁塔克(约 46—118)，罗马帝国时期历史学家、伦理学家和教育家。

[3] 塞涅卡(约公元前 4—公元 65)，古罗马哲学家和戏剧家。

[4] 达那伊得，指达那伊得的女儿，因为杀害她们的丈夫而被宣判往地狱的无底洞灌水与放水。(出自希腊神话)

[5] 克里昂特斯(公元前 331—前 232)，古希腊斯多葛派哲学家。

[6] 克里西波斯(公元前 281—前 205)，古希腊哲学家。

[7] 欧里庇得斯(约公元前 480——约前 406)，古希腊剧作家。古希腊三大悲剧

作家之一。

[8] 阿波罗多罗斯，公元前140年前后活跃的古希腊学者。

[9] 伊壁鸠鲁（公元前341—前270），古希腊哲学家。公元前311年，在雅典创立伊壁鸠鲁哲学学校。

[10] 卡庇鲁普斯，约16世纪意大利文学家。

[11] 利普修斯（1547—1606），擅长用拉丁语写作的作家。

[12] 西门（约公元前507—前449），古希腊雅典的将军和政治家。

[13] 瑟米斯托克利（约公元前527—前460），古希腊雅典的政治家和将军。

[14] 柏拉图（约公元前427—前347），古希腊哲学家和教育家。

[15] 缪斯女神，起初是诗人的保护神，后来范围扩大到文艺和科学的各个领域。

[16] 苏格拉底（公元前469—前399），古希腊哲学家。

[17] 阿凯西劳斯（公元前316—前241），古希腊雅典哲学家。

[18] 比萨城，意大利的一个城市。

[19] 斯多葛派，公元前4世纪晚期在雅典创立的一种哲学派别。创始人是古希腊哲学家芝诺（公元前336—前264）。

[20] 伊壁鸠鲁派，公元前4世纪在雅典创立的一种哲学派别。创始人是伊壁鸠鲁。

[21] 但丁（1265—1321），中世纪后期意大利诗人。

[22] 色诺芬（约公元前434——前353），古希腊历史学家和作家。苏格拉底的弟子。

[23] 埃庇卡摩斯（?—约前450），公元前6世纪末5世纪初古希腊喜剧作家。

[24] 尼禄（37—68），古罗马皇帝（54—68在位）。

[25] 贺拉斯（公元前65—前8），古罗马诗人。

[26] 亚里斯提卜（约公元前435—约前360），古希腊哲学家。苏格拉底的弟子，昔勒尼学派创始人。

[27] 恺撒（约公元前100—前44），古罗马统帅、政治家和作家。

[28] 查理大帝（724—814），768—814在位。

[29] 普罗佩提乌斯（约公元前50—前15），古罗马哀歌诗人。

[30] 迦太基，非洲北部（今突尼斯）的奴隶制国家。

[31] 汉尼拔（公元前247—前183），迦太基将军。

[32] 西庇阿（公元前237—前183），古罗马将军。曾在北非击败汉尼拔。

[33] 马塞卢斯(约公元前 268—前 208),古罗马统帅。

[34] 李维(公元前 59—公元 17),古罗马历史学家和文学家。

[35] 拉博埃西(1530—1563),法国作家。蒙田的朋友。

[36] 毕达哥拉斯(约公元前 580—前 500),古希腊哲学家、数学家和教育家。

[37] 柏修斯(34—62),古罗马讽刺作家。

[38] 维吉尔(公元前 70—前 19),古罗马作家和诗人。

[39] 七门自由艺术,即"七艺",公元 5 世纪出现该名称。包括柏拉图创立的"三艺"(文法、修辞、逻辑)和智者派创立的"四艺"(算术、几何、天文、音乐)。中世纪学校犹如在神学之下的七门学科。

[40] 普罗佩提乌斯(约公元前 50—约公元 15),古罗马诗人。

[41] 阿那克里翁(约公元前 570—?),古希腊诗人。

[42] 阿那克西米尼,公元前 6 世纪古希腊哲学家。

[43] 加扎,15 世纪希腊学者。意大利文艺复兴领袖之一。

[44] 德尔斐,希腊城市,以有阿波罗神庙而闻名。

[45] 赫拉克利翁(活动时期 2 世纪),诺斯蒂教意大利派领袖。已知最早的一部《约翰福音》评注出自他的手笔。

[46] 朱维纳利斯(约 60—140),古罗马讽刺作家。

[47] 经院派,即"经院哲学派",中世纪基督教哲学派别。

[48] 布拉达曼或安琪丽克,意大利诗人阿里奥斯托(1474—1533)的《愤怒的罗兰》中两位性格相反的女主角。——译者注

[49] 弗里吉尼牧羊人,指希腊神话中的帕里斯,特洛伊王子。阿佛洛狄忒助他诱走斯巴达王墨涅拉俄斯的妻子美人海伦,遂引发历时十年的特洛伊战争。——译者注

[50] 薄伽丘(1313—1375),意大利作家。

[51] 亚历山大(公元前 356—前 323),即"亚历山大大帝",马其顿国王(前 336—前 323 在位)。

[52] 卡涅阿德斯(约公元前 214—前 129),古希腊怀疑论哲学家。

[53] 伊索克拉特(公元前 436—前 338),古希腊修辞学家。

[54] 昆体良(约 35—95),古罗马演说家和教育家。

[55] 斯珀西普斯(公元前 409—前 339),古希腊哲学家。柏拉图的侄子和弟子。公元前 361 年随柏拉图去西西里岛,公元前 347 年柏拉图指定他为继承人。

[56] 阿西皮亚德斯(公元前 450—前 404),古希腊雅典政治家和将军。

[57] 原文为赫拉克里德斯。据“七星文库”《蒙田全集》注解,应为毕达哥拉斯。按此改正。——译者注

[58] 第欧根尼(约 200—约 250),古希腊哲学家。

[59] 赫格西亚斯(约公元前 3 世纪),古希腊昔尼勒派哲学家。

[60] 泽克斯达姆斯,斯巴达国王阿希达马第二(公元前 5 世纪)的父亲。

[61] 奥尔良,法国中部的一个城市。

[62] 波尔多,法国西南部的一个城市。

[63] 塔西佗(约 55—约 120),古罗马历史学家、政治家和文学家。

[64] 原文为阿弗尔。据“七星文库”《蒙田全集》注解,塔西佗说到的是阿佩尔。按此改正。——译者注

[65] 小加图(公元前 95—前 46),古罗马政治家。

[66] 米南德(公元前 342—前 291),古希腊喜剧作家。

[67] 龙沙(1524—1585),法国诗人。

[68] 杜·贝莱(1522—1560),法国诗人。

[69] 加斯科涅,法国一地名。

[70] 卢卡努(39—65),罗马诗人。塞涅卡的侄子,尼禄的同学。

[71] 苏托尼厄斯(约 69—约 140),古罗马传记作家和历史学家。

[72] 亚里斯多芬(约公元前 257—前 180),古希腊学者。

[73] 乔治·布坎南(1506—1582),苏格兰语言学家、诗人和政治活动家。

[74] 马克·安东尼·缪莱(1526—1585),法国语言学家。

[75] 德·布里萨克(约 1505—1563),法国元帅。

[76] 奥维德(公元前 43—公元 18),古罗马悲剧诗人。

[77] 泰伦提乌斯(约公元前 195—前 159),古罗马喜剧家。

[78] 普洛图斯(约公元前 254—前 184),古罗马喜剧作家。

[79] 根据“七星文库”《蒙田全集》的注解,上段文字口气激烈是蒙田任波尔多市长时对外界批评的回应。——译者注

[80] 居耶纳中学,1534 年由法国人文主义者戈维亚努斯在西南部城市波尔多创建,是一所兼容并包的人文主义学校。

[81] 安德烈亚斯·戈维亚努斯(1497—1548),法国葡萄牙语言学家。

[82] 阿里斯顿(约前 270),古希腊斯多葛派哲学家。

论学究式教育

意大利喜剧中，总是有一位乡村教师给人逗乐，他的外号在我们中间也很少有敬意；我小时候看了经常会感到气恼。因为既然我已交给他们管教，我至少也得珍惜他们的声誉吧？我常以碌碌无能与博学多才中间有天资上的差别为由为他们辩解；况且他们的生活方式彼此也大相径庭。但是为什么最高雅的贵族对他们最瞧不起，这下子我就糊涂了，比如我们杰出的杜·贝莱：

我最恨迂腐的学问。

这种看法由来已久；因为普鲁塔克说，“希腊人”和“学生”在罗马人嘴里是骂人话和贬义词。

后来随着年岁增长，我发现这话说得很有道理，“最有学问的人不是最聪明的人”（拉伯雷[1]书中的引语）。一个博古通今、见多识广的人思想不见得敏捷活跃，而不通文墨的粗人不用多学，就像世上满腹经纶之士那么通情达理，这又是怎么一回事，我还是不明白。

我们公主中的公主提到某人时对我说过这样的话，把其他那么多人博大精深的思想放在头脑里，自己的思想为了让出地方就挤压得很小了。

我想说的是植物吸水太多会烂死，灯灌油太多会灭掉，同样，书读得太多也会抑制思维活动。思想中塞了一大堆五花八门的东西，就没有办法清理，这副担子压得它萎靡消沉。

但是也有相反情况，因为心灵愈充实愈敞开。回头看古史中的例子，管理公共事务的能人，掌控国家大事的文武高官，也同时都是博学之士。

至于远离人间杂务的哲学家，他们有时也确实遭到同时代的任意嘲笑，他们的看法与举止也传为笑柄。你愿意他们来评判一场官司的权益和一个人的行为吗？他们确也非常合适！他们还会追问有没有生命，有没有运动，人是不是不同于一头牛；什么是诉求和被诉求；法律与正义是哪一门子的动物。

他们是在谈论官员，还是对着官员在谈论？都表现出一种大不敬的自由行为。他们听到有人赞美他们的亲王或国王呢？对他们来说他是个牧羊人，像牧羊人那么闲着，只是给自己的牲畜挤奶剪羊毛，但是比牧羊人还粗手粗脚。你认为还有谁比拥有千万亩土地的人更伟大？他们惯于把全世界都看做是自己的财产，才不屑一顾。

你吹嘘自己家族已是七代豪门吗？他们不认为你有什么了不起，竟没有想到天下都是一家亲，哪个人不是有数不清的祖先：富人、穷人、当国王的、当下人的、希腊人、野蛮人。当你是赫拉克勒斯神[2]第五十代孙，他们认为你大可不必炫耀这个命运的礼物。

因而普通人看不起他们，连最平凡的俗事也不懂，还盛气凌人，自视甚高。柏拉图描绘的哲学家形象跟当代人心目中的形象相距甚远。大家羡慕他们高居于时代之上，脱离公众活动，过着一种特殊不可模仿的生活，遵循某些倨傲、不同凡俗的原则。而当代哲学家，受歧视，仿佛居于社会的下层，仿佛不能担当公务，仿佛在普通人后面过一种苟延残喘的卑琐生活。

> 让行为恶劣、巧言令色的人见鬼去吧。
>
> ——帕库维乌斯[3]

我要说的是这样的哲学家，他们知识渊博，行动更加令人赞赏。就像大家提到的叙古拉[4]的几何学家阿基米德[5]，为了保卫祖国，放弃哲学探讨，从事实用研究，不久研制出了可怕的军械战具，效果超过一切人的想象，然而他本人对这一切机械制造不以为然，认为做这件事有损于他的哲学尊严，这些发明只是学徒的活计与儿童的玩具。如果让他们在行动中发挥，可以看到他们展翅高飞，翱翔天空，对事物有更透彻的了解，心灵大大开阔。

但是有些人看到政权都掌握在庸人手里，纷纷躲开。那人问克拉特斯[6]，他谈哲学要谈到几时才罢休，得到了这样的回答："直到我们的军队不再由赶驴的人当指挥。"赫拉克利特[7]把王位让给弟弟，以弗所人[8]责备他不该把时间花在神庙前跟孩子玩耍，他回答说："做这件事不是还比跟你们一起治理国事要强吗？"

有的人，他们的思想超越财富与世俗事务，觉得法官的位子与国王的宝座都是低微卑贱的。恩培多克勒[9]拒绝阿格里琴坦人献给他的王国。泰勒斯[10]有几次指斥大家只关心小家庭和发财，有人指责他说这是狐狸吃不到葡萄的论调。他突发奇想，空闲时试一试理财方法，利用他的聪明才智去致富发财，做了一桩大买卖，一年之内赚的钱，是最有经验的商人一辈子也挣不到的。

据亚里士多德说，有人把泰勒斯、阿那克萨哥拉[11]这类人称为聪明的人，而不是实际的人，对于实用的事物不够注意；除了我对这两词的区别还不大吃透，这也不能给我的那些人护短。看到他们安于缺衣少食的清贫生活，我们很有道理用这两个词，称他们既不是聪明的人，也不是实际的人。

第一个原因我就不解释了，倒不如相信这个弊端来自他们对待学问的错误主导思想；按照我们接受教育的方式，学生与教师虽然知识会学到更多，但是人不会变得更能干，这是不足为奇的。当今的父辈花费心血与金钱，其实只是在让我们的头脑灌满知识。至于判断力与品德则很少关注。

有人经过时你不妨对大家喊："嗨，那是个有学问的人！"再有一人经过时："嗨，那是个好人！"不大会有人转过身朝第一人看一眼，表示敬意。必须有第三人喊："嗨，那是个博学的人！"我们就会乐意打听："他懂希腊语还是拉丁语？他写诗歌还是散文？"但是他是否变得更优秀或更明白事理，这问题才是主要的，却是最没人提及的。应该打听的是他是不是学得更好了，而不是学得更多了。

我们学习只是让记忆装满，却让理解与意识空白。犹如鸟儿出去觅食，不尝一尝就衔了回来喂小鸟，我们的学究也从书本里搜集知识，只是挂在嘴边，然后吐出来不管被风吹往哪里。

妙的是我这人本身何尝不是蠢事的例子。本书中的大部分文章不是也在做同样的事么？我从书籍中随时摘录我喜欢的警句名言，不是为了记住，我这人记性不好，而是为了用到这部书里，说实在的，不论在这里还是在原文本里都不是我原创的。我相信，我们不是依靠过去的也不是依靠未来的，而是依靠现在的知识才做上个有学问的人。

但是更糟的是，他们的学生和孩子都不以知识充实自己、营养自己；只是把知识辗转相传，唯一的目的是炫耀自己，娱乐大众，当作谈话资料。像一枚不流通的筹码除了计个数扔掉以外，没有任何实际价值。

> 他们学会了跟别人说话，不是跟自己说话。
>
> ——西塞罗

> 要的不是说话，要的是指导。
>
> ——塞涅卡

大自然为了表示在它的指导下不会有野蛮的东西，往往在艺术教育不发达的民族中产生的精神作品，可以与最佳的艺术杰作媲美。关于我的这句话，加斯科涅有一句谚语说得很巧妙，来自一首歌谣："吹啊吹，学会手指哪里按。"

我们会说:“西塞罗是这样说的;这是柏拉图的思想特点;这是亚里士多德的原话。”但是我们自己说什么呢？自己评判什么呢？自己做什么呢？可以说是鹦鹉学舌。这种做法使我想起那位罗马富人,他花大钱用心搜罗精通某门学科的人,让他们时刻不离左右,当他有机会跟朋友谈到某一主题时,他们代替他的位子,人人都准备好向他提供资料,这人一条论据,那人一句荷马[12]的诗,谁都派得上用场。他认为在那些清客头脑里的学问也是他的,就像有些人的才学都关在他们豪华的书房里一样。

我认识一个人,当我问他知道什么,他向我要了一本书指给我看,他若不在词典里查到什么是疥疮,什么是屁股,就不敢跟我说他的屁股上长了疥疮。

我们接受了他人的看法与学问,仅此而已。必须把这些看法与学问化为自己的。正像那个到邻居家去借火的人,看到炉子里的火烧得正旺,就留在那里烤火了,却忘了取火回家这件事。肚子里塞满了肉而不把它消化,不转化为自身的养料,不健壮体格,这对我们有什么用呢？卢库卢斯[13]没有经验,通过书本成为一名大将,我们怎么相信他是像我们这样学习的吗？

我们让自己使劲靠着人家的胳膊走路,也耗尽了自己的力气。我要武装自己去克服死亡的恐惧吗？去向塞涅卡讨教。我要为自己或为别人找些安慰话吗？去向西塞罗讨教。我若早已融会贯通,就不用向谁讨教了。我不喜欢这种时时求助于人的依赖性。

虽则可以用别人的知识使自己长知识，可是要聪明那只有靠自己才会聪明。

我讨厌对自己不聪明的聪明人。

——欧里庇得斯

因此，埃尼厄斯[14]说：

聪明人不能利用自己的聪明，也是不聪明。

由西塞罗引用

他若贪婪、虚荣，比欧加内的羔羊还懦弱。

——朱维纳利斯

光有聪明是不够的，还要会用。

——西塞罗

第欧根尼[15]嘲笑语法学家，他们只关心打听尤利西斯[16]的毛病，而不知道自己的毛病；音乐家调谐自己的笛声，却不会调谐自己的习惯；演说家头头是道讲正义，却不会贯彻正义。

如果我们的心灵不走向健康，如果我们的判断力不改进，我宁可让学生打网球消磨时间；至少身体可以更矫健。看看他从那里学了十五六年回来，没有什么是用得上的。在他身上多了的只是，学了拉丁文和希腊文后使他比离家前更神气与尖刻。他原该带回一个充实的心灵，而今却是虚空的；没有茁壮长大，只是浮肿虚胖。

这样的教书先生，就像柏拉图说的诡辩学家——他们的叔伯兄弟——口口声声说自己是一切人中对人类最有用的人，其实是一切人中唯有他们不把人家交付的工作，像木匠、泥瓦匠那样做好，反而做坏，还要对他们做坏的事付报酬。

普罗塔哥拉[17]给他的弟子立下规矩，他们要么按照他的定价付学费，要么到神殿去宣誓，按照从他的教学中得到的好处来交束脩。如果遵照这后一个办法，我的那些教师在听了我的经验之谈必然会感到失望。

我用佩里戈尔[18]方言把这些小文人戏称为“Lettre ferits”，就像大家说的“Lettre ferus”，从意思来说，就是“打印在脑子里的文字”。说真的，他们好像经常被打得失去了常识。因为农夫和鞋匠，你看他们简单朴实地过自己的生活，说他们知道的东西；而那些人靠着脑海中漂浮着的一些知识抬高自己，神气活现，不断地陷入尴尬境地，脱不了身。他们说出来的漂亮话，要由别人去做。他们知道罗马名医盖伦，却一点不了解病人；他们会在你的脑袋里填满法律条款，却找不出案件的症结。他们知道一切事物的理论，却要找人付诸实施。

我看到来做客的一位朋友，为了消磨时间，跟这样一个人交谈，造怪句子，前言不搭后语，意思生搬硬套，时时又穿插一些辩论用语，就这样纠缠着那个蠢人玩了一天，而那人还真以为在回答人家对他的反驳。那人还是颇有声望的文人，穿一件华丽的长袍。

你们这些豪门子弟，背后不长眼睛，

小心转身看见嘲弄的鬼脸。

——柏修斯

这类学究遍布各地，谁对他们仔细观察，就会像我一样发现大多数情况下他们不懂自己说什么，也听不懂别人在说什么；他们记的事很多，判断力很差，莫不是他们这方面就是天生与众不同。

我见到阿德里亚努斯·图纳布斯[19]，他除了文学以外没有做过别的事，在这方面依我看来是千年一逢的大人物，他没有一点学究气，不过他穿长袍，从社交观点来看外表不够正规，这都是些小事。我讨厌我们这些人，认为长袍比扭曲的心灵还更受不了，凭行礼方式、仪表和靴子来判断一个人。从内心来说他是世界上最有教养的人。我有时有意引他谈一些他陌生的话题；他目光敏锐，悟性高，判断正确，仿佛他的事业向来都是指挥战争，治理国家。真是经邦济世之大才，

善良的普罗米修斯用沃土

塑造他的这颗心。

——朱维纳利斯

虽然教育不良，也是顶天立地存在。然而不让教育腐蚀我们还是不够的，更要让它培育我们。

我们的法院招聘人才，考官只测试他们的知识；另一些法院还加试一桩案例考查他们的判断力。我觉得后者的做法要好得多。其实这两种考试都不可或缺，应该并存，实际上对知识的要求不及对判断的要求重要。有判断可以不要知识，有知识不可不要判断。因为像这句希腊

诗说的：

缺了理解力，知识有何用？

——斯多巴乌斯[20]

但愿上帝为了司法的利益，让这些部门在具备知识以后，还多多培养兼有理解力和良心的人！

他们教育我们不是为了生活，而是为了传播。

——塞涅卡

因而不应该把知识贴在心灵表面，应该注入心灵里面；不应该拿它来喷洒，应该拿它来浸染。要是学习不能改变心灵，使之趋向完美，最好还是就此作罢。这是一把危险的剑，如果掌握在弱者不知使用的手里，只会使主人碍手碍脚，受到伤害——

还不如什么都没有学到。

——西塞罗

或许这正是我们和神学家不要求女子多才的原因。当有人向布列塔尼公爵、约翰五世[21]的儿子弗朗西斯提亲，娶苏格兰公主伊莎贝拉，还说她从小的教育很简单，没有学过一点文化，公爵回答说这只会使他更爱她，女人只要知道区分丈夫的衬衣和束腰短上衣，就算是够懂事的了。

因而我们的祖先并不重视学问，即使今日在国王身边只是偶尔几位主要谋士有些文才，也就不值得奇怪了。今日提倡司法、医学、教育，还有神学，唯一的目的是发财致富，这才使大家看重学问，否则会看到它跟从前一样处境悲惨。学问若不能教我们好好思想与行动，那多么可惜！

自从出现了有学问的人，就很少见正直的人。

——塞涅卡

一个人不学善良做人的知识，其他一切知识对他都是有害的。但是我刚才寻求的理由也来自下列事实：在法国，学习除了谋利以外几乎没有其他目的。除非那些人生来可以去从事比营利更高尚的工作，他们就是做学问也往往时间很短，还没有感到兴趣，就抽身去做跟书本毫无关系的工作。一般说来，留下来全心全意做学问的，只是那些贫寒出身的人，也只是寻求谋生手段而已。

这类人的心灵出于本性、家庭教育和不良影响，不能得到学问的真谛。因为学问不会给漆黑一团的心灵带来光明，就像不能使盲人看到东西；学习的职责不是给他提供视力，而是调整视力，如像一个人必须有了挺直有力的腿脚，才可以训练他的步伐。

知识是良药，但是不管什么良药因药罐保存的质量差，都会变质失效。一个人可以看得清，不一定看得准，从而看到好事不去做，学到知识不会用。柏拉图在《理想国》中的主要条例，按照公民的天性分配工作。天性能做一切，一切也由天性去做。脚跛的人不宜做体力运动，心灵跛的人不宜做智力运动；恶劣与庸俗的人不配学哲学。看到一人脚上穿双破鞋，我们就会说他是鞋匠谁都不会奇怪。同样经验好像也在告诉我们，与常人相比，经常还是医生不好好服药，神学家不好好忏悔，学者不好好充实自己。

从前，希俄斯岛的阿里斯顿说得有道理，谁听了哲学家的话都会贻误终生，尤其是大多数人都不知如何应用他们的教益，不会用于好处，而会用于坏处：

> 可以说从亚里斯提卜学派出来的是淫棍，从芝诺学派出来的是野人。
>
> ——西塞罗

在色诺芬提到的波斯人教育中，我们发现他们培育儿童品德，就像其他民族培育儿童文艺。柏拉图说他们继承王位的长子就是这样教育的。太子一生出来，不是交给妇女，而是交给国王身边德高望重的太监。太监负责锻炼他有一个健美的体魄，7 岁教他骑马狩猎。到了 14 岁，给他配备国内最贤达、最正义、最节俭、最勇敢的四个人，对他进行培训。第一人教他宗教；第二人教他做人真诚；第三人教他如何清心寡欲；第四人教他大无畏精神。

利库尔戈斯[22]的高明做法值得称道，实在可以说臻于完美无缺，对儿童的教育做到无微不至是国家的主要职责，即使在缪斯的领域也很少提到学说；仿佛这些优秀高尚的青年，藐视品德以外的一切约束，他们需要受业的不是知识的导师，只是勇敢、谨慎和正义的导师——柏拉图把这个例子写进了他的《法律篇》一书中。

波斯人的教学方式是向学生提问，对人及其行为作出判断；他们对这个人或这件事进行谴责和赞扬时，必须用理由说明自己的说法，通过这个方法共同提高认识，学习法律。

在色诺芬的书里，曼达娜[23]要居鲁士说一说最后一课书的内容，居鲁士说："在我们学校有一个大男孩，穿了一件小衣服，脱下给了他的一个小个子同伴，再去脱下小个子身上穿的较大的衣服。我们的教师要我给这场争吵评评理，我说事情这样很好，两个人穿了好像都感到更舒服；他教育我说我做错了，因为我只是考虑舒服，首先应该考虑公正，公正要求谁都不可以强求属于他人的东西。"他还说他为此挨了鞭子抽，就像我们在村子里忘了背希腊语"我打"的不定过去时规则。

我的教师引经据典用"褒贬法"训了我一通，然后要我相信他的学校不逊于那所学校。他们要走捷径，但是知识是这样的，即使走直线去获得，也只能教我们学到谨慎、清廉和坚定，他们愿意一开始就让儿童接触实际，不是用道听途说的事来教育他们，而是用行动实验来教育他们，不仅用箴言警句，主要还运用实例与实践，生动活泼地培养和塑造他们，使这一切不是只记在心灵上，就是他们的思维与习惯；不单是后天养成的，还是先天具备的资质。对这个问题，有人问斯巴达国王阿格西劳斯二世[24]，他主张孩子应该学习什么，他回答说："学习他成了大人以后该做的事。"难怪这样的教育产生那么卓越的成果。

据说，到希腊其他城市去找修辞学家、画家和音乐家；但是到斯巴达去找立法官、法官和军事将领。在雅典学好演说，在这里学好办事；在那里要洞悉诡辩的论点，不受巧言令色的蒙骗；在这里要抛开欲望的诱惑，以大勇消除命运与死亡的威胁；那里的人忙着演讲，这里的人忙着干事。这里不停地操练舌头，那里不停地锤炼心灵。

当安提帕特[25]向波斯人索取 50 名儿童当人质，他们的回答完全不同于我们，说宁可献出两倍多的成年人作抵押。这并不奇怪，因为他们认为这会是本国教育的巨大损失。阿格西劳斯邀请色诺芬送他的孩子到斯巴达养育，不是为了学修辞学或辩证法，而是为了学习（据他说）最好的学问，那就是服从与指挥。

看到苏格拉底如何以他特有的方式取笑僭主希庇亚斯[26]是很有趣的。希庇亚斯向他叙述，他如何在西西里岛一些小城镇里教书赚了大钱，在斯巴达则分文也没有挣到。因此那里都是些痴呆，不会量尺寸，不会算数目，不重视语法和诗歌，整天忙着去记载历代国王的顺序，各个国家的兴亡——这么一笔糊涂账。苏格拉底把他说的话听完，然后从小处入手，诱使他承认他们的政权精于治国，他们的生活幸福质朴，让他去领会他的那些治人之道归根结蒂都是无用的。

在这个尚武和其他类似的政体中，许多例子都向我们说明追求知识，使勇气削弱和涣散，更多于增强和坚定。当今世界上显得最强大的国家是土耳其；那里的人民同样也是受尚武轻文的教育。我认为罗马发展文治后不及从前骁勇善战。当今，最好战的民族是最粗鲁与无知的民族。斯基泰人[27]、帕提亚人[28]、帖木儿[29]都可为我们佐证。

当哥特人[30]蹂躏希腊时，使所有图书馆免遭兵燹之灾的却是一名哥特人，他到处宣说应该把藏书原封不动留给敌人，可以让他们不思军事操练，坐在家里看这些闲书取乐。至于我们的查理八世[31]，不用拔剑出鞘，就占领了那不勒斯王国和托斯卡纳大部分土地，随同他出征的贵族把这次意想不到轻而易举的征服，归之于意大利的亲王和贵族更有意于聪明博学，而不是强壮善战。

注释

[1] 拉伯雷(1483—1553)，文艺复兴时期法国人文主义者、作家和教育思想家。

[2] 赫拉克勒斯，希腊神话中的大力神，赋有很大的力量。

[3] 帕库维乌斯(约公元前220—约前132)，古罗马悲剧作家、诗人和画家。

[4] 叙古拉，意大利西西里岛东南沿海的一座古城。

[5] 阿基米德(约公元前287—前212)，古希腊学者。

[6] 克拉特斯，公元4世纪后期的犬儒学派哲学家。

[7] 赫拉克利特(约公元前535—约前475)，古希腊哲学家。

[8] 以弗所人，居住在希腊爱奥尼亚的人。以弗所曾为罗马帝国时代希腊土地上最引人注目的一座城市。

[9] 恩培多克勒(公元前490—约前430)，古希腊哲学家和政治家。

[10] 泰勒斯(公元前640—前546)，古希腊哲学家和科学家。古希腊七贤之一。

[11] 阿那克萨哥拉(约公元前500—前428)，古希腊哲学家。在雅典教书时，门人中有苏格拉底和帕列克里斯。

[12] 荷马(约公元前9—前8世纪)，古希腊游吟盲诗人。

[13] 卢库卢斯(公元前117—前56)，古罗马将军，奖励学术文化。

[14] 埃尼厄斯(公元前239—约前169)，古罗马诗人。

[15] 原文为狄奥尼修斯。据“七星文库”《蒙田全集》注解，应为第欧根尼，按此改正。——译者注

[16] 尤利西斯，希腊神话中伊塞卡王，荷马史诗《奥德赛》的主人公。

[17] 普罗塔哥拉(公元前481—约前411)，古希腊哲学家。智者派创始人。

[18] 佩里戈尔，法国的一个地名。

[19] 阿德里亚努斯·图纳布斯(1512—1565)，法国人文主义者，希腊语言研究家。

[20] 斯多巴乌斯，古希腊诗人。

[21] 约翰五世(1389—1442)，绰号约翰。布列塔尼公爵(1399年起)。

[22] 利库尔戈斯(公元前9或前8世纪),传说是斯巴达立法者。

[23] 原文是阿斯提亚格,他是波斯国王居鲁士的祖父,据“七星文库”《蒙田全集》注解,居鲁士是向母亲曼达娜叙述这件事。按此改正。——译者注

[24] 阿格西劳斯二世(约公元前444—前360),斯巴达国王(约前390—360在位)。后期斯巴达的一位重要人物。

[25] 安提帕特(约公元前397—前319),马其顿将军。

[26] 希庇亚斯(?—公元前490),公元前528/527—前510年的雅典僭主。

[27] 斯基泰人,又译西古提人,系公元前8—前3世纪中亚和南俄草原上印欧语系东伊朗族之游牧民族,是史载最早的游牧民族。

[28] 帕提亚人,约公元前7世纪从多瑙河以北、喀尔巴仟山脉以东的原居住地,穿过东欧和南俄草原地区来到顿河流域的斯基泰人一支。

[29] 帖木儿(1336—1405),帖木儿帝国创建者。

[30] 哥特人,日耳曼民族。

[31] 查理八世(1470—1498),法国国王(1483—1498在位)。

论书籍

我毫不怀疑自己经常谈到的一些问题，由专家来谈会谈得更好、更实在。本文纯然是凭天性而不是凭学问而写成的，谁觉得这是信口雌黄，我也不会在意；我的论点不是写给别人看的，而是写给自己看的；而我也不见得对自己的论点感到满意。谁要在此得到什么学问，那就要看鱼儿会不会上钩。做学问不是我的擅长。本文内都是我的奇谈怪论，我并不企图让人凭这些来认识事物，而是认识我：这些事物或许有一天会让我真正认识，也可能我以前认识过，但是当命运使我有幸接触它们的真面目时，我已记不得了。

我这人博览群书，但是阅后即忘。

所以我什么都不能保证，除了说明在此时此刻我有些什么认识。不要期望从我谈的事物中，而要从我谈事物的方式中去得到一些东西。

比如说，看我的引证是否选用得当，是否说明我的意图。因为，有时由于拙于辞令，有时由于思路不清，我无法适当表达意思时就援引了其他人的话。我对引证不以数计，而以质胜。如果以数计的话，引证还会多出两倍。引证除了极少数以外都出自古代名家，不用介绍也当为大家所熟识。鉴于要把这些说理和观念用于自己的文章内，跟我的说理和观念交织在一起，我偶尔有意隐去被引用作者的名字，目的是要那些动辄训人的批评家不要太鲁莽了，他们见到文章就攻击，特别是那些还在世的年轻作家的文章，他们像个庸人招来众人的非议，也同样像个庸人要去驳倒别人的观念和想法。我要他们错把普鲁塔克当作我来嘲笑，骂我骂到了塞涅卡身上而丢人现眼。我要把自己的弱点隐藏在这些大人物身上。

我喜欢有人知道如何在我的身上拔毛，我的意思是他会用清晰的判断力去辨别文章的力量和美。因为我缺乏记忆力，无法弄清每句话的出处而加以归类，然而我知道我的能力有限，十分清楚我的土地上开不出我发现播种在那里的绚丽花朵，自己果园的果子也永远比不上那里的甜美。

如果我词不达意，如果我的文章虚妄矫饰，我自己没能感到或者经人指出后仍没能感到，我对这些是负有责任的。因为有些错误往往逃过我们的眼睛，但是在别人向我们指出错误后仍不能正视，这就是判断上的弊病了。学问和真理可以不与判断力一起并存在我们身上，判断力也可以不与学问和真理并存在我们身上。甚至可以说，承认自己无知，我认为是说明自己具有判断力的最磊落、最可靠的明证之一。

我安排自己的论点也随心所欲没有章法。随着联翩浮想堆砌而成；这些想法有时蜂拥而来，有时循序渐进。我愿意走正常自然的步伐，尽管有点凌乱。当时如何心情也就如何去写。所以这些情况不容忽视，不然在谈论时就会信口开河和不着边际了。

我当然愿意对事物有一番全面的了解，但是付不起这样昂贵的代价。我的目的是悠闲地而不是辛劳地度过余生。没有一样东西我愿意为它呕心沥血，即使做学问也不愿意，不论做学问是一桩多么光荣的事。我在书籍中寻找的也是一个岁月优游的乐趣。若搞研究，寻找的也只是如何认识自己，如何享受人生，如何从容离世的学问：

> 这是我这匹马应该淌汗朝之奔去的目标。
>
> ——普罗佩提乌斯

阅读时遇到什么困难，我也不为之绞尽脑汁；经过一次或两次的思考，得不到解答也就不了了之。

如果不罢休，反会浪费精力和时间，因为我是个冲动型的人，一思不得其解，再思反而更加糊涂。我不是高高兴兴地就做不成事情，苦心孤诣、孜孜以求反而使我判断不清半途而废。我的视觉模糊了，迷茫了。必须收回视线再度对准焦点，犹如观察红布的颜色，目光必须先放在红布上面，上下左右转动，眼睛眨上好几次才能看准。

如果这本书看烦了，丢下换上另一本，只是在无所事事而开始感到无聊的时候再来阅读。我很少阅读现代人的作品，因为觉得古代人的作品更丰富更严峻；我也不阅读希腊人的作品，因为对希腊文一知半解，理解不深，无从运用我的判断力。

在那些纯属是消闲的书籍中，我觉得现代人薄伽丘的《十日谈》、拉伯雷的作品，以及让·塞贡的《吻》(若可把他们归在这类的话)，可以令人玩味不已。至于《高卢的阿马迪斯》和此类著作，我就是在童年也引不起兴趣。我还要不揣冒昧地说，我这颗老朽沉重的心，不但不会为亚里士多德也不会为善良的奥维德颤抖，奥维德的流畅笔法和诡谲故事从前使我入迷，如今很难叫我留恋。

我对一切事物，包括超过我的理解和不属于我涉猎范围的事物自由地表达意见。当我有所表示，并不是指事物本身如何，而是指本人见解如何。当我对柏拉图的《阿克西奥切斯》一书感到讨厌，认为对他这样一位作家来说是一部苍白无力的作品，我也不认为自己的见解必然正确，从前的人对这部作品推崇备至，我也不会蠢得去冒犯古代圣贤，不如随声附和才会心安理得。我只得责怪自己的看法，否定自己的看法，只是停留在表面没法窥其奥秘，或是没有从正确角度去看待。只要不是颠三倒四、语无伦次也就不计其他了；看清了自己的弱点也直认不讳。对观念以及观念表现的现象，想到了就给予恰如其分的阐述，但是这些现象是不明显的和不完整的。伊索[1]的大部分寓言包含几层意义和几种理解。认为寓言包含一种隐喻的人，总是选择最符合寓言的一面来进行解释；但是在大多数情况下，这只是寓言的最肤浅的表面；还有其他更生动、更主要和更内在的部分，他们不知道深入挖掘；而我做的正是这个工作。

还是沿着我的思路往下说吧；我一直觉得在诗歌方面，维吉尔、卢克莱修[2]、卡图鲁斯[3]和贺拉斯远远在众人之上；尤其维吉尔的《乔琪克》,我认为是完美无缺的诗歌作品,把《乔琪克》和《埃涅阿斯纪》比较很容易看出,维吉尔若有时间,可以对《埃涅阿斯纪》某些章节进行精心梳理。《埃涅阿斯纪》的第五卷我认为写得最成功。卢卡努的著作也常使我爱不释手,不在于他的文笔,而在于他本身价值和评论中肯。至于好手泰伦提乌斯——他的拉丁语写得妩媚典雅——我觉得最宜于表现心灵活动和我们的风俗人情,看到我们日常的行为,时时叫我回想起他。他的书我久读不厌,也每次发现新的典雅和美。

稍后于维吉尔时代的人,抱怨说不能把维吉尔和卢克莱修相提并论。我同意这样的比较是不恰当的;但是当我读到卢克莱修最美的篇章时,不由也产生这样的想法。如果他们对这样的比较表示生气,那么现在有的人把他和阿里奥斯托[4]作不伦不类的比较,更不知对这些人的愚蠢看法说些什么好了?阿里奥斯托本人又会说什么呢?

哦!这个没有判断力、没有情趣的时代!

——卡图鲁斯

我认为把普洛图斯跟泰伦提乌斯(他很有贵族气)比较,比把卢克莱修跟维吉尔比较,更叫古人感到不平。罗马雄辩术之父西塞罗常把泰伦提乌斯挂在嘴上,说他当今独步,而罗马诗人的第一法官贺拉斯对他的朋友大加赞扬,这些促成泰伦提乌斯声名远播,受人重视。

在我们这个时代那些写喜剧的人(意大利人在这方面得心应手),抄袭泰伦提乌斯或普洛图斯剧本的三四段话就自成一个本子,经常叫我惊讶不已。他们把薄伽丘的五六个故事堆砌在一部剧本内。他们把那么多的情节组在一起，说明对自己本子的价值没有信心；必须依靠情节来支撑。他们自己搜索枯肠，已找不出东西使我们看得入迷，至少要使我们看得有趣。这跟我说的作者泰伦提乌斯大异其趣。他的写法完美无缺，使我们不计较其内容是什么，自始至终被他优美动人的语言吸引；他又自始至终说得那么动听，

清澈见底如一条纯洁的大河。

——贺拉斯

我们整个心灵被语言之美陶醉，竟至忘了故事之美。

沿了这条思路我想得更远了：我看到古代杰出诗人毫不矫揉造作，不但没有西班牙人和彼特拉克[5]信徒的那种夸大其词，也没有以后几世纪诗歌中篇篇都有的绵里藏针的刻薄话。好的评论家没有一位在这方面对古人有任何指摘。对卡图鲁斯的清真自然、隽永明丽的短诗无比欣赏，远远超过马提雅尔[6]每首诗后的辛辣词句。出于我在上面说的同样理由，马提雅尔也这样说到自己：他不用花许多工夫；故事代替了才情。

前一类人不动声色，也不故作姿态，写出令人感动的作品，信手拈来都是笑料，不必要勉强自己挠痒痒。后一类人则需要添枝加叶，愈少才情愈需要情节。要骑在马上，因为两腿不够有力。就像在舞会上，舞艺差的教师表达不出贵族的气派和典雅，就用危险的跳跃，像船夫摇摇晃晃的怪动作来引人注目。对于妇女来说也是这样，有的舞蹈身子乱颤乱动，而有的舞蹈只是轻步慢移，典雅自然舒展，保持日常本色，前者

的体态要求比后者容易得多。我也看过出色的演员穿了日常服装，保持平时姿态，全凭才能使我们得到完全的艺术享受；而那些没有达到高超修养的新手，必须面孔抹上厚厚的粉墨，穿了奇装异服，摇头晃脑扮鬼脸，才能引人发笑。

我的这些看法在其他方面，在《埃涅阿斯纪》和《愤怒的罗兰》的比较中，更可以得到证实。《埃涅阿斯纪》展翅翱翔，稳实从容，直向一个目标飞去。而《愤怒的罗兰》内容复杂，从一件事说到另一件事，像小鸟在枝头上飞飞停停，它的翅膀只能承受短途的飞行，一段路后就要歇息，只怕乏力喘不过气来。

它只敢飞飞停停。

——维吉尔

在这类题材中，以上那些作家我最爱读。

还有另一类题材，内容有趣还有益。我在阅读中可以陶冶性情；使我获益最多的是普鲁塔克（自从他被介绍到法国以后）和塞涅卡的作品。他们两人皆有这个共同特点，很合我的脾性，我在他们书中追求的知识都是分成小段议论，就像普鲁塔克的《短文集》和塞涅卡的《道德书简》，不需要花长时间阅读（花长时间我是做不到的）。《道德书简》是塞涅卡写得最好的篇章，也是最有益的。不需要正襟危坐阅读，也随时可以放下，因为每篇之间并不连贯。

这些作家在处世哲学上大致是一样的；他们的命运也相似，出生在同一个世纪，两人都做过罗马皇帝的师傅，都出生国外和有钱有势。他们的学说是哲学的精华，写得简单明白。普鲁塔克前后一致，平稳沉着。塞涅卡心情大起大落，兴趣广泛。塞涅卡不苟言笑，提高道德去克服懦弱、畏惧心理和不良欲望；普鲁塔克好像并不把这些缺点看得那么在意，不愿郑重其事地加以防范。普鲁塔克追随柏拉图的学说，温和，适合社会生活；塞涅卡采用斯多葛和伊壁鸠鲁的观点，不切合生活实际，但是依我的看法，更适合个人修养，也更严峻。塞涅卡好像更屈从于他这个时代的那些皇帝的暴政，因为我敢肯定他谴责谋杀恺撒的壮士的事业，是在压力下做的；普鲁塔克一身无拘束。塞涅卡的文章冷嘲热讽，辛辣无比；普鲁塔克的文章言之有物。塞涅卡叫你读了血脉贲张，心潮澎湃，普鲁塔克使你心旷神怡，必有所得。前者给你开路，后者给你指引。

至于西塞罗对我的目标有帮助的，是那些以伦理哲学为主的作品。但是，恕我直言（既然已经越过礼仪界限，也就不必顾忌了），他的写作方法令我厌烦，千篇一律。因为序跋、定义、分类、词源占据了他的大部分作品。生动的精华部分都淹没在冗词滥调中。若花一个小时阅读——这对我已很长——再回想从中得到什么切实有益的东西，大部分时间是一片空白。因为他还没有触及对我有用的论点，解答叫我关心的问题。

我只要求做人明智，而不是博学雄辩，这些逻辑学和亚里士多德哲学的药方对我毫无用处；我要求作者一开始先谈结论，我已经听够了死亡和肉欲，不需要他们条分缕析，津津乐道。我需要他们提供坚实有力的理由，指导我事情发生时如何正视和应付。解决问题的不是微妙的语法，四平八稳的修辞文采；我要求他们的文章开门见山，而西塞罗的文章拐弯抹角，令人生厌。这类文章适宜教学、诉讼和说教，那时我们有时间打瞌睡，一刻钟以后还可以接上话头。对于不论有理无理你要争取说服的法官，对于必须说透才能明白道理的孩子和凡夫俗子，才需要这样说话。我不要人家拼命引起我的注意，像我们的传令官似的五十次对着我喊："嗨，听着！"罗马人在祭礼中喊："注意啦！"而我们喊："鼓起勇气。"对我来说这是废话。我既来了则早有准备，就不需要引动食欲或添油加醋：生肉我也可以吞下去；这些虚文浮礼的作用适得其反，不但提不起反而败坏了我的胃口。

我认为柏拉图的《对话录》拖沓冗长，反使内容不显；柏拉图这样一个人，有许多更有益的话可以说，却花时间去写那些无谓的、不着边际的长篇大论，叫我感到遗憾。我这样大胆亵渎不知是否会得到时尚的宽恕？我对他的美文无法欣赏，更应该原谅我的无知。

我一般要求的是用学问作为内容的书籍，不是用学问作为点缀的书籍。

我最爱读的两部书，还有大普林尼[7]和类似的著作，都是没有什么"注意啦"的。这些书是写给心中有数的人看的，或者，就是有"注意啦"，也是言之有物，可以独立成篇。

我也喜读西塞罗的《给阿提库斯的信札》，这部书不但包括他那个时代的丰富史实，还更多地记述他的个人脾性。因为，如我在其他地方说过,我对作家的灵魂和天真的判断,历来十分好奇。通过他们传世的著作,他们在人间舞台上的表现,我们可以了解他们的作为,但是不能洞悉他们的生活习惯和为人。

我不止千百次地遗憾,布鲁图斯[8]论述美德的那本书已经失传:因为从行动家那里学习理论是很有意思的。但是说教与说教者是两回事,我既喜欢在普鲁塔克写的书里,也喜欢在布鲁图斯写的书里去看布鲁图斯。我要知道布鲁图斯在阵前对士兵的讲话,然而更愿详细知道他大战前在营帐里跟知心朋友的对白,我要知道他在论坛和议院里的发言,更愿知道他在书房和卧室里的谈话。

至于西塞罗,我同意大家的看法,除了学问渊博外,灵魂并不高尚。他是个好公民,天性随和,像他那么一个爱开玩笑的胖子,大凡都是这样。但是说实在的,他这个人贪图享受,野心虚荣;他敢于把他的诗作公之于众,这是我无论如何不能原谅的;写诗拙劣算不得是一个大缺陷,但是他居然如此缺乏判断力,毫不觉察这些劣诗对他的英名有多大的损害。

至于他的辩才,那举世无双;我相信今后也没有人可以跟他匹敌。小西塞罗只有名字和父亲相像。他当亚细亚总司令时,一天他看到他的桌上有好几个陌生人,其中有塞斯蒂厄斯,坐在下席,那时大户人家设宴,常有人潜入坐上那个位子,小西塞罗问仆人这人是谁,仆人把名字告诉了他。但是小西塞罗像个心不在焉的人,忘了人家回答他的话,后来又问了两三回;那名仆人,把同样的话说上好几遍感到烦了,特别提到一件事让他好好记住那个人，他说："他就是人家跟您说过的塞斯蒂厄斯，他认为令尊的辩才跟他相比算不了什么。"小西塞罗听了勃然大怒，下令把可怜的塞斯蒂厄斯逮住，当众痛殴了一顿，真是一个不懂礼节的主人。

就是那些认为他的辩才盖世无双的人中间，也有人不忘指出他的演说辞中的错误；像他的朋友伟大的布鲁图斯说的，这是"关节上有病的"辩才。跟他同一世纪的演说家也指出，他令人费解地在每个段落末了使用长句子，还不厌其烦地频频使用这些字："好像是"。

我喜欢句子节拍稍快，长短交替，抑扬有致。他偶尔也把音节重新随意组合，但是不多。我身边响起他的这个句子：

对我来说，宁愿老了不久留而不愿未老先衰。

——西塞罗

历史学家的作品我读来更加顺心；他们叙述有趣，深思熟虑，一般来说，我要了解的人物，在历史书中比在其他地方表现得更生动、更完整，他们的性格思想粗勒细勾，各具形状；面对威胁和意外时，内心活动复杂多变。研究事件的缘由更重于研究事件的发展，着意内心更多于着意外因的传记历史学家，最符合我的兴趣，这说明为什么普鲁塔克从各方面来说是我心目中的历史学家。

我很遗憾我们没有十来个拉尔修的第欧根尼，或者他这类人物没有被更多的人接受和了解。因为我对这些人世贤哲的命运和生活感兴趣，不亚于对他们形形色色的学说和思想。

研究这类历史时，应该不加区别地翻阅各种作品，古代的，现代的，文字拙劣的，语言纯正的，都要读，从中获得作者从各种角度对待的史实。但是我觉得尤其值得我们深入研究的是恺撒，不但从历史科学来说，就是从他这个人物来说，也是一个完美的典型，超出其他人之上，包括萨卢斯特[9]在内。

当然，我阅读恺撒时，比阅读一般人的著作怀着更多的敬意和钦慕，有时对他的行动和彪炳千古的奇迹，有时对他纯洁优美、无与伦比的文笔肃然起敬。如西塞罗说的，不但其他所有历史学家，可能还包括西塞罗本人，也难出其右。恺撒谈到他的敌人时所作的评论诚恳之极；若有什么可以批评的话，那是他除了对自己的罪恶事业和见不得人的野心文过饰非以外，就是对自己本身也讳莫如深。因为，他若只做了我们在他的书上读到的那点事情，他就不可能完成那么多的重大事件。我喜欢的历史学家，要不是非常纯朴，就是非常杰出。纯朴的历史学家决不会掺入自己的观点，只会把细心搜集的资料罗列汇总，既不选择，也不剔除，实心实意一切照收，让我们对事物的真相作全面的判断。这样的历史学家有善良的让·傅华萨，他写史时态度诚恳纯真，哪一条史料失实，只要有人指出，他毫不在乎承认和更正。他甚至把形形色色的流言蜚语、道听途说也照录不误。这是赤裸裸、不成型的历史材料，每人可以根据自己的领会各取所需。

杰出的历史学家有能力选择值得知道的事，从两份史料中辨别哪一份更为真实，从亲王所处的地位和他们的脾性，对他们的意图作出结论，并让他们说出适当的话。他们完全有理由要我们接受他们的看法，但是这只是极少数历史学家才享有的权威。在这两类历史学家之间还有人（那样的人占多数）只会给我们误事；他们什么都要给我们包办代替，擅自订立评论的原则，从而要历史去迁就自己的想象；因为自从评论向一边倾斜，后人叙述这段历史事实时，不可避免地受到影响。他们企图选择应该知道的事物，经常隐瞒更说明问题的某句话、某件私事；把自己不理解的事作为怪事删除，把自己无法用流畅的拉丁语或法语表达的东西也尽可能抹掉。他们尽可以大胆施展自己的雄辩和文才，尽可以妄下断言，但是也要给我们留下一些未经删节和篡改的东西，容许我们在他们之后加以评论；也就是说他们要原封不动地保留历史事实。

尤其在这几个世纪，经常是一些平庸之辈，仅仅是会舞文弄墨而被选中编写历史，仿佛我们从历史中要学的是写文章！他们也有道理，既然是为这件事而被雇用的，出卖的是他们的嘴皮子，主要也操心在那个方面了。所以他们从城市十字路口听来的流言蜚语，用几句漂亮的话就可以串联成一篇美文。

好的历史书都是那些亲身指挥，或者亲身参加指挥，或者亲身参加过类似事件的人编写的。这样的历史书几乎都出自希腊人和罗马人之手。因为许多目击者编写同一个题材（就像现时代不乏有气魄有才华的人），若有失实也不会太严重，或者本来就是一件疑案。

由医生处理战争或由小学生议论各国亲王的图谋，会叫人学到什么东西呢?

若要了解罗马人对这点如何一丝不苟,只需举出这个例子:阿西尼厄斯·波利奥[10]发现恺撒写的历史中有些地方失实,失实的原因是恺撒不可能对自己军队的各方面都亲自过问,对记下未经核实的报告偏听偏信,或者在他外出时副官代办的事没有向他充分汇报。

从这个例子可以看出,了解真相需要慎之又慎,打听一场战斗的实况,既不能单靠指挥将士提供的信息,也不能向士兵询问发生的一切;只有按照法庭的审讯方法,比较证人提供的证词,要求事件的每个细节都有物证为凭。说实在的,我们对自己的事也有了解不全面的地方。这点让·博丁[11]讲得很透彻,与我不谋而合。

不止一次,我拿起一部书,满以为是我还未曾阅读的新版书,其实几年以前已经仔细读过,还写满了注释和心得;为了弥补记错和健忘,最近以来又恢复了老习惯,在一部书后面(我指的是我只阅读过一次的书籍)写上阅读完毕的日期和我的一般评论,至少让我回忆得起阅读时对作者的大致想法和印象。我愿在此转述其中一些注释。

下面是我十年前在圭契阿迪尼的一部书内的注释(我读的书不论用什么语言写成的,我总是用自己的语言写注释):他是一位勤奋的历史学家;依我看来,他的著作内提供他那个时代的历史真实性,是其他人不能比拟的,因为在大多数情况下,他自己就是身居前列的参与者。从表面上也看不出,他会由于仇恨、偏心或虚荣而篡改事实,他对一时风云人物,尤其对那些提拔他和重用他的人,如克莱芒七世[12]教皇,所作的自由评论都是可信的。他好像最愿意显山露水的部分，那是他的借题发挥和评论，其中有精彩的好文章，但是他过分耽迷于此；又因为他不愿留下什么不说，资料又那么丰富，几乎取之不尽，用之不竭，他就变得啰里啰唆，有点像多嘴的学究。

我还注意到这一点，他对那么多人和事、对那么多动机和意图的评论，没有一字提到美德、宗教和良心，仿佛在世界上这些是不存在的；对于一切行动，不论表面如何高尚，他都把原因归之于私利和恶心恶意。他评论了数不清的行动，居然没有一项行动是出于理性的道路，这是令人无法想象的。不能说普天下人人坏心坏眼，没有一个人可以洁身自好；这叫我怀疑他自己心术不正，也可能是以己之心在度他人之腹吧。

在菲利普·德·科明[13]的书中，我是这样写的：语言清丽流畅，自然稚拙；叙述朴实，作者的赤诚之心油然可见，谈到自己时不尚虚华，谈到别人时不偏执不嫉妒。他的演说与劝导充满激情与真诚，绝不自我陶醉，严肃庄重，显出作者是一位出自名门和有阅历的人物。

对杜·贝莱两兄弟撰写的《回忆录》写过这样的话：阅读亲身经历者撰写的所见所闻，总是一件快事。但是不容否认的是在这两位贵族身上，缺乏古人如让·德·儒安维尔（圣路易王的侍从）、艾因哈德（查理大帝的枢密大臣），以及近代菲利普·德·科明，撰写同类书籍时表现的坦诚和自由。这不像是一部历史书，而是一篇弗朗索瓦一世[14]反对查理五世[15]皇帝的辩解词。我不愿相信他们对重要事实有什么篡改，但是经常毫无理由地偏护我们，回避对事件的评论，也删除了他们主子生活中的棘手问题。比如忘记提到德·蒙莫朗西和德·布里翁的失宠;对埃唐普夫人一字不提。秘事可以掩盖,但是人所共知的事,尤其这些事对公众生活产生这样大的后果,忌口不谈是不可饶恕的缺点。总之,要对弗朗索瓦一世和他的时代发生的事有一个详细的了解,不妨听我的话到其他地方去找。这部书的长处是对这些大人物亲身经历的战役和战功有特殊看法,还记载他们这个时代某些亲王私下的谈话和轶事,朗杰领主纪尧姆·杜·贝莱主持下的交易和谈判,这里面有许多事值得一读,文章也写得不俗。

注释

[1] 伊索(约公元前6世纪),古希腊寓言作家。

[2] 卢克莱修(约公元前98—前54),古罗马哲学家和诗人。

[3] 卡图鲁斯(约公元前84—前54),古罗马最杰出的抒情诗人。

[4] 阿里奥斯托(1473—1533),意大利文艺复兴时期诗人。

[5] 彼特拉克(1304—1374),文艺复兴时期意大利诗人。

[6] 马提雅尔(约公元40—约104),古罗马诗人。

[7] 大普林尼(23—79),古罗马学者。

[8] 布鲁图斯(约公元前85—前42),古罗马政治家,谋杀恺撒的阴谋组织者。

[9] 萨卢斯特(公元前86—前34),古罗马历史学家。

[10] 阿西尼厄斯·波利奥(公元前76—公元4),古罗马演说家、诗人和史学家。

[11] 让·博丁(1529/1530—1596),法国经济学家和哲学家。

[12] 克莱芒七世(1478—1534),意大利籍教皇(1523—1534在位)。

[13] 菲利普·德·科明(约1447—约1511),法国政治家和历史学家。

[14] 弗朗索瓦一世(1494—1547),法国国王(1515—1547在位)。

[15] 查理五世(1500—1558),神圣罗马帝国皇帝(1519—1556在位)。

论习惯与不轻易改变已被接受的法律

我觉得这个故事的第一位编写者非常理解习惯的力量。说一个村妇，一头小牛一出生时就抱在怀里轻轻抚摸，这样养成了习惯一直改不掉，小牛成了大牛她还要抱。确实，习惯是个粗暴而阴险的女教师。它悄悄地不声不响在我们身上建立权威。一开头温良谦恭，随着时间的帮助扎根壮大，不久向我们露出狰狞凶暴的面目，使我们连抬眼看一看这张脸的自由也没有。我们看到它处处违反自然规律。

> 习惯在一切事物上都是个卓越的教师。
>
> ——大普林尼

我相信柏拉图《理想国》中的洞穴譬喻[1]，还相信医生经常放下他们的医学理论而遵从习惯的权威。还有那位国王别出心裁，服毒使胃习惯毒性。据德国神学家阿尔伯特斯的记载，有个女孩习惯吃蜘蛛过日子。

在那个称为新印度的大陆上，发现一些庞大的民族，生活在气候差异很大的地区，就以蜘蛛为生，还储存养殖，同时也吃蚱蜢、蚂蚁、蜥蜴、蝙蝠；粮荒时一只蛤蟆可以卖六埃居。他们煮熟后再加上各种沙士。还有的民族认为，我们吃的一些肉食则是有毒的，可致人死命。

> 习惯的力量是巨大的。猎人在雪地上过通宵；在山里忍受烈日的熏烤。拳斗士被牛皮拳套击中连哼也不哼一声。
>
> ——西塞罗

这些奇怪的例子其实并不奇怪，如果我们考虑到——我们平时试过——习惯使我们的五官迟钝。我们不需要去了解他们对尼罗河大瀑布附近的人是怎么说的，哲学家认为天体音乐是怎么一回事。说轨道中的星球是固体的，运行时相互摩擦轻碰，不会不发出一种悦耳的乐声，随着它的抑扬顿挫调节星辰的轨迹变化。但是这种声音再大，人的耳朵不会察觉，因为他们的听觉由于这个声音持续不断而变得麻木了，就像那些埃及人。

铁匠、磨坊工人、制兵器师傅，要是听到响声像我们一样吃惊的话，就承受不了冲击他们耳膜的噪音。我的缀花领子很好闻，若连续戴上三天，只对旁人的鼻子有香味了。有一点更怪，尽管时间间隔了很久，习惯还是可以综合和建立一种印象，对我们的五官产生影响。比如住在钟楼附近的人就是这样。我住在一座钟楼里，每天早晚大钟要敲一遍《圣母经》。叮声震得钟楼也害怕；最初几天我觉得难以忍受，不久渐渐习以为常，甚至听了不觉得刺耳，经常还醒不过来。

柏拉图训斥一个爱玩骰子的孩子。孩子回答他说：“为这点小事也要骂我。”柏拉图说：“习惯可不是小事。”

我发现我们身上的最大恶习都在幼年时已见端倪，最主要的教养由乳母一手造成的。母亲看到孩子拧断鸡的脖子，追打一条狗和一只猫，只当是种消遣。而父亲更是愚蠢之至，看到儿子对着一个无以自卫的农民或仆人又打又骂，当成是尚武精神的好苗子；看到他对同伴刁滑欺骗，当成是机灵的表现。

这些实在是残酷、暴戾、不讲信义的种子与根源。在那时候发芽，茁壮成长，成了恶习后难以铲除。以年幼无知或鸡毛蒜皮小事为由而原谅这些不良倾向，这是后患无穷的教育方法。首先，这是天性在说话，声音还尖细，因而也更纯更响。第二，欺骗的丑恶并不在于骗取的是金币还是别针，而是其本身。因而我认为这样说是有道理的："既然他会骗别针，怎么就不会骗金币呢。"这要胜过另一种说法："他只是骗别针，要是金币就不会这样做了。"

应该细心教育孩子从情理上去憎恨罪恶，识别它们本质上的丑陋，不仅在行动上，而且在心灵上都要远远躲开；不论罪恶戴着什么假面具，一想到就厌恶。

我从小受教诲要走正道，厌恶在游戏时弄虚作假（必须指出儿童的游戏决不是游戏，应该看做是他们最严肃的行为），因而我知道，不论怎么消闲的娱乐，我总是率性自然地去玩，绝对厌恶从中作弊。我玩牌赌小钱，就像赌大钱时那么认真，跟妻子与女儿玩赢了还是输了，根本不在乎，也玩得挺高兴。我的眼睛无处不在，监督自己规规矩矩，没有人会看得比我更严格，更较真。

我刚才看到家里来了一位南特人，身材矮小，生来缺少胳膊，他训练双脚做手该做的事，动作娴熟，以致两脚大半儿忘了天生的功能。而且他称脚为手；他使用刀切东西，上膛打枪，穿针引线，缝纫写字，脱帽子，梳头发，玩纸牌掷骰子，熟练程度不输于别人；我付他钱(因为他靠表演为生)，他用脚就像我们用手接了过去。

我见过另一个，还是孩子，双手舞一把剑，手忙着，还用脖子弯玩一根长矛，再把它们抛向空中，接住，扔匕首，挥鞭子啪啪响，简直是个法国马车夫。

习惯在我们的心灵中一往无前扎下根，产生的奇特印象使大家更可看出它的效果。它对我们的判断力与信仰还有什么做不到吗？若有什么离奇的思想(我且不说宗教中信口开河的欺骗伎俩，多少大国、多少自以为是的大人物对此沉湎不醒；因为这部分的信仰是人类理智解释不清的，那些没有受神明圣恩照耀的人迷失在里面还情有可原)，也离奇不过人心中建立的这个思想，正应了古人的这句感叹：

> 自然科学家的任务是观察和探索大自然，却要求受习惯蒙蔽的人为真理提供证据，这岂不难为情！
>
> ——西塞罗

我认为人的头脑中任何稀奇古怪的想象，无不可以在世俗生活中找到例子，从而在理智中建立立足点和打下基础。在某些民族，向人致意是背向对方，不朝对之表示敬意的人看上一眼。有的国家里，国王要吐痰，最宠的宫廷贵妇伸手去接；还有的国家里，国王拉完屎，身边最显赫的贵族趴在地上用布去收拾。

让我们留出篇幅讲个故事。一个叫弗朗索瓦的贵族，总是用手擤鼻涕，这是很失礼的动作。他这人以说话机智出名。他为这个行为辩解的同时，问我这个脏东西有什么特权，要用一块刺绣精致的手帕去接，去包好，然后小心翼翼揣在怀里，这样做只会使我们更讨厌更恶心，还不如扔在什么地方就是什么地方，像对待其他脏物一样。

我觉得他说的话不是没有一点道理。是习惯使我对这件事见怪不怪，要是这发生在另一个国家我们听见就觉得不堪入耳了。

奇迹的存在是根据我们对大自然的无知程度，不是根据大自然的本身。习惯蒙住我们判断的眼睛。野蛮人不值得我们大惊小怪，就像我们也没有更多理由值得他们这样做。一个人要是亲身经历了这些新事例，设身处地考虑，正确地比较，也会承认这一点。

人的理智是一种颜料，差不多剂量均衡地注入了我们所有的看法与习俗，不论它们以什么形式出现的，物质上无穷无尽，花色上也无穷无尽。

……

因为我们知道，有的全国上下无不鄙视生命，庆祝死亡，7 岁的孩子被鞭子抽到死也脸不改色；财富那么不被人重视，城里即使最清贫的人也不屑弯下身去捡一袋金币。要知道有些丰衣足食的富庶地区，最常见的与最美味的食物只是面包、水芹和清水。

习俗不是在希腊希俄斯岛创造了奇迹，在过去七百年间，不曾有过一个女人、少女做出伤风败俗的事么?

总之依我的看法,习俗没有什么事是做不成和不能做的;品达——据人跟我说——称习俗乃是世界的王后和皇后,这不无道理。

有个人给人看到在揍父亲,回答说这有家风渊源的,他的父亲曾经打过他的祖父,祖父也曾打过他的曾祖父。他还指着儿子说:“当他到了我现在这个年纪,也会打我的。”

父亲被儿子在大街上生拉硬拽,接受命令到了某扇门前停住,因为他当年也是把自己的父亲拽到这里为止;这就是这个人家的儿子对父亲施行世袭性虐待的界限。亚里士多德说,出于习俗,经常也出于病态,女人拔自身的毛,啃指甲,吃煤炭和泥土;同样出于习俗和天性,男人跟男人睡觉。

意识的规律我们说是生自天然,其实是生自习俗;被周围大众同意并接受的意见与风俗,被每个人奉为神明,要摆脱则心有不甘,去追随则欢欣雀跃。

从前克里特岛岛民要诅咒一个人,就祷告神让他养成坏习惯。

然而习惯的最大威力就是抓住我们不放,蹂躏我们,以致我们靠自身力量很难摆脱,恢复自我,对它的种种霸道做法进行反思与理论。说来也是,我们随着出生后喂奶的同时也在吮吸霸道的汁液,第一眼看到的世界就是这副面目,也就好像我们生来凡事就要按此办理。看到四周颇受重视的普遍想法,被父辈灌输到心灵中,觉得这是天经地义的了。

从而认为不符合习俗的，就不符合理智。上帝知道十之八九情况下是多么没有理智。

我们这些研究过自己的人已经学会了这样做，谁听到一句格言，立即考虑如何适用于自身，不是看它说得机智聪明，而是看它对自己平庸愚蠢的判断是一个良好的鞭策。但是大家听到具有真知灼见的话，都觉得这是针对他人而不是针对自己而言的。不是运用到习俗中去，而是保留在记忆中，非常愚蠢非常无用。让我们继续谈习俗的霸道吧。

受自由与自律思想培育的人民，认为其他一切政体都是不近人性和违反自然的。受君主制统治的人民也一样。不论命运提供他们多么顺利改变处境的机会，当他们千辛万苦摆脱了一个君主的暴政，又会同样千辛万苦去扶上一位新君主，因为下不了决心去仇恨君主制。

波斯大流士一世[2]问几个希腊人，他们怎么才会采用印度人的习俗去吃死去的父亲(这是印度人的做法，认为向死者提供最好的墓葬就是把他们吃进自己腹中)，他们回答说不论什么情况下他们都不接受；他也曾试图说服印度人放弃自己的做法，采纳希腊人的习俗，把父亲的尸体焚化，印度人对此感到更加骇然。人人都如此，因为习惯对我们蒙蔽了事物的真面目，

世上再伟大再美妙的东西
也会渐渐失去魅力，平淡无奇。

——卢克莱修

从前，为了宣扬早被我们定为绝对权威的一种观点，我不愿意像一

般的做法那样，仅仅用法律与例子的力量去证实它，而是寻根究底，穷源溯流，这时发现这个根基其实很浅薄，以致很厌恶据此去说服别人接受。

柏拉图企图消除他那个时代违背自然的爱情，他使用的那种药方被他认为是包医包治的，那就是让舆论谴责它们，让诗人和大家写警世劝俗的故事。有了这个方法，最美丽的女儿也不会让父亲产生邪念，最英俊的兄弟也不会让姐妹动心，即使是提厄斯忒斯[3]、俄狄甫斯[4]、马卡勒斯的寓言，借用悦耳的歌声也可把这个有益于身心的理念，灌入到儿童幼小的心灵里去。

贞节确是一种美德，其道理人所共知；但是按照天性去对待和遵守实在很难，按照习俗、法律和礼仪去遵守较为容易。最初为人们普遍接受的理由已不易探究。我们的先师在讲授时不是泛泛而谈，就是不敢触动其本质，就慌忙当上了习俗的卫道士，自吹自擂，轻松获胜。

那些不甘心被逐出这种原始论调圈子的人，更是谬论百出，接受了野蛮人的论点，如克里西波斯，在著作里多次宣扬他对任何形式的乱伦行为都不以为意。

谁要摆脱习俗的这种强烈偏见，就会发现许多铁定的，不可置疑的东西，其实经过年深日久的沿用，都已白发皓首，满脸皱纹了。但是一旦撕去这个面具，使事物恢复本相与理性，他觉得自己的判断虽被彻底推翻，然而却回到更可靠的状态。

比如，我那时会问他，一个民族必须遵守他们并不理解的法律，束缚在一切家庭事务中，诸如结婚、捐赠、遗嘱、买卖，既不懂其规则，也不是用他们的语言写成和发表的，出于需要还必须花钱去弄明白和应用，这让人见了不奇怪吗？依照伊索克拉底的精辟见解就不该这样。他呈请国王让其臣民自由贸易，免缴税收，有利可图；如果他们争吵讨论劳民伤财，就课以重税。但是根据另一种可憎的意见：情理可以买卖，法律成为商品流通。

我要感谢命运的是，据我们的历史学家说，是一位加斯科涅贵族——我的同乡——首先反对查理大帝把拉丁罗马帝国的法律强加给我们。一个国家里，法官职位可以任意买卖，判决用现金来决定结果，都属于合法的习俗；一个国家里，按法理可以拒绝无钱的人打官司，法律成了众相争购的商品，以致操纵官司的人在政治中形成第四等级，成为教会、贵族、平民这三个老等级以外的新生势力，这种种现象岂不令人望而生畏？这样一个等级，掌握法律，操生杀予夺之权，在贵族以外形成一个独立集团；因此有了双重法律，荣誉的法律与正义的法律，这在许多事物上都是背道而驰的（前者严厉谴责有仇不报，后者严厉谴责有仇必报）；从尚武的职责来看，谁忍受耻辱有损于荣誉和贵族身份；从民事的职责来看，谁进行报复就要受极刑（谁因受辱而诉之于法律，就会名誉扫地，谁不诉之于法律而私自进行报复，就会受法律制裁）。

这是两个截然不同的职能部门，却同属于一个主管：一个维持和平，另一个掌管战争；一个要利益，另一个要荣誉；一个多学问，另一个多美德；一个重言辞，另一个重行动；一个讲正义，另一个讲勇敢；一个诉诸理性，另一个诉诸武力；一个穿长袍，另一个穿戎装。

也可举衣服之类无足轻重的事为例。衣服原来是为身体的舒适服务的，也决定其本身的优雅与得体；谁要是想把衣服回复到原有的使用目的，我要向他说，怎么会有人想出这么难看的东西，那就是我们的那些方帽子，一条弯弯曲曲拖在女士头上的丝绒长尾巴，再加上花花绿绿的花饰，和那个毫无意义与用途、叫我们实在羞于启齿的器官状的挂件，居然还在大庭广众面前招摇过市。

尽管这样认为，也没法不让一个有心人去追求时髦。因此，反过来想，我觉得一切标新立异的做法不是来自真正的理智，而是来自疯狂与别有用心的做作；聪明人内心必须摆脱束缚，保持自由状态，具备自由判断事物的能力；但是行止上又不得不随波逐流。公众社会不会理会我们在想些什么；至于其他，我们的行动、工作、财富乃至生活本身，必须符合社会需要和公众舆论，就像这位善良伟大的苏格拉底拒绝拯救自己的生命，而去违抗法官，即使是一位非常不公正的法官。每个人遵守当地的法律，这是规则中的规则，法律中之大法：

> 服从国家法律是好事。
>
> ——克斯里平

下面是另一个桶里酿制的葡萄酒。一条现成的法规不管怎么样，改变它即使会带来明显的利益，也要充分想到动摇法律是有伤害的。作为一项政策，就像一幢大楼，是由各个部位密切结合而成的，不可能一个部位晃动，整体结构还安然无恙。

希腊立法者夏隆达斯规定，谁提议废除一条旧法规或制订一条新法规，必须脖子套了绳索来见人民；如果新法规没有被众人通过，也就立即把他绞死。斯巴达立法者利库尔戈斯奋斗终生，要他的公民作出可靠保证，不违背他制订的任何一条法令。弗里尼斯在七弦琴上增添了两根琴弦，斯巴达法官不由分说把两根弦砍了，他才不管乐器是否改进，音色是否更丰富；对他来说只要这是对旧方式的一种破坏，就可以加以谴责。马赛法庭上的那支生锈的剑放着不擦也是这个象征意义。

……

注释

[1] 事见柏拉图《理想国》，他认为人类如同生长在洞穴里的男女，认为洞穴外精神世界反映在墙上的影子是真正的现实。——译者注

[2] 大流士（约公元前558—前486），即“大流士一世”，古波斯帝国国王（前522—前486在位）。

[3] 提厄斯忒斯，据希腊神话，他是宙斯之子珀罗普斯的三个孩子之一。

[4] 俄狄甫斯，据希腊神话，他是无意中杀死亲生父亲并娶生身母亲为妻的底比斯国王。

论友爱

我雇了一位画家，观察他作画的方式时，引起我模仿他的念头。他选择墙壁中央最佳的部位画上一幅画施展他的才华；四周的空白上他画满怪物，这都是荒诞不经的图案，用奇形怪状来表现画的魅力。那么我在这里写的，实际上还不是一些身子长着不同的肢体，没有一定形状，任意拼凑，不成比例的妖魔鬼怪么？

美女的身躯长着一条鱼尾巴。

——贺拉斯

我接着追摹我这位画家的第二阶段，但是这块精华部分是我不可企及的。因为还不到那个工力，敢去按照艺术法则尝试画一幅内容丰富、手法精致的画。我想到去借重艾蒂安·德·拉博埃西的一篇文章，使我这部作品的其余部分得以沾光。这篇论文他题名为《自愿奴役》；但是不知道这回事的人后来也适当地给它起名为《反对独夫》。当时他少年气盛，写成一篇评论文，提倡自由抨击暴君。其中篇章在有识之士之间传阅，备受重视与推崇，因为这是部好作品，内容极为丰富。

然而这还不能说是他最好的作品。当他到了更加成熟的年龄，我认识了他；如果那时他能和我一样有计划把自己的奇思遐想形诸笔墨，我们就可以读到许多稀世佳作，可使我们非常接近古代的荣誉，因为在天赋方面我还没见过谁可以与他匹敌。但是他身后留下的就是这篇论文，而且还事出偶然，我还相信稿子散落以后他自己再也没有见过；还有就是因我们的内战而出名的元月敕令的回忆录，也可能以后会在哪里找到出版的地方。

以上是我从他的遗物中整理出来的所有稿子。他在病笃时立下遗嘱，充满爱心嘱咐，除了我已请人出版的论文集以外，还让我继承了他的藏书室和文稿。我对那部论文集尤为感激，因为是它当了我们初次见面的媒介。在认识他以前很久，已见过那部书，使我第一次听说他的名字，这样开始了我们之间日益深厚的友谊，仿佛这是上帝的安排，开诚布公，实心实意，肯定举世罕见，男人之间尤其绝无仅有。要建立这样的友谊需要多少机缘，三百年能够遇见这么一次已是鸿运高照了。

我们走向交往，不是别的，好像完全受天性的驱使。亚里士多德说优秀立法者关心友谊要多于正义。尽善尽美的交往就是友谊。一般来说，由欲念或利益，公共需要或个人需要建立和维持的一切交往都不很高尚美好；友谊中掺入了友谊之外的其他原因、目的和期望，就不像是友谊了。

自古以来的这四种情谊：血缘的、社交的、待客的和男欢女爱的，不论单独或合在一起，都达不到这样的友谊。

子女对待父辈，不如说是尊敬。友谊靠交流而培育，他们之间差别太大不可能存在交流，交流也可能妨害亲情的责任。父辈的一切秘密思想并不是都可以向子女直说的，否则会过于随便有失体统；还有规劝与指正是友谊的第一要素，子女对父辈很难这样去做。

以前有过一些民族，根据习俗孩子杀死父亲；还有一些民族，父亲杀死孩子，这是为了扫除双方有时可能彼此造成的障碍，从自然规律上一方的存在取决于另一方的毁灭。古代有些哲学家唾弃这种天然习俗，可以亚里斯卜提为证。有人逼着他说，孩子是他生的，应该对他们有亲情，他开始吐口水，说这确是他生的，但是我们身上也会生虱子和小虫。另有一个证人，普鲁塔克劝他跟他的兄弟和解，他回答说："我不会因跟他出自同一个洞里而对此重视。"

兄弟这个名字确实美好又充满情意，也出于这个原因他与我联结在一起。但是财产分与不分，一个富一个穷，这都会大大损害和疏远这种兄弟情谊。兄弟并行等速走在同一条道上前进，还免不了经常磕磕碰碰，产生冲突。此外，志趣相投，脾性默契产生这些真正美好的友谊，怎么会一定存在于兄弟之间呢？父子的性格可能截然不同，兄弟也会如此。这是我的儿子，这是我的亲戚，但是会是个凶恶的人，讨厌的人，愚蠢的人。还有，自然法则与义务要我们保持友好关系，我们的选择与自由意志也就更少。最能表明我们自由意志的莫过于感情与友爱。

这不是我在这方面没有体验到一切可能有的感情。我有个最好的父亲，直至风烛残年依然宽容之至。出身的家庭，也以父子情深、兄弟和睦而闻名，并为世人楷模。

谁都知道我爱兄弟犹如父辈。

——贺拉斯

虽然对女人的感情也出自我们的选择，但没法与之相比，也不属于同一类。我承认情欲的火焰更旺，更炽烈，更灼人。

女神也了解我们，

在关怀中包含温情的痛楚。

——卡图鲁斯

但是这种火焰来得急去得快，波动无常，蹿得忽高忽低，只存在于我们心房的一隅。友爱中的热情是普遍全面的，时时都表现得节制均匀，这是一种稳定持久的热情，温和舒适，决不会让人难堪与伤心。在爱情中还有一件事，就是我们得不到时反而有一种疯狂的欲望：

恰如猎人追逐野兔，

不管严寒酷暑，穿山越岭，

捕获了不再在意，

逃跑了则死不甘心。

——阿里奥斯托

爱情进入友爱结束阶段，就是说不再意志投合，爱情会消退，会厌倦。肉欲的目的是容易满足的，爱情也会因它享受到了而失去。友爱却相反，期望得到它，则会享受它，因为这种享受是精神上的，友爱在享受中提高、充实、升华，心灵也随之净化。

在这种完美的友爱之下，也曾有飘忽的感情在我心里停留，更不用提拉博埃西，他在那些诗篇已作了太多的表白。因而这两种情欲我都有过，彼此并不排斥，但是两者也不能相比：友爱展翅高飞继续前进，鄙夷地瞧着爱情远远地在底下踮着脚走路。

至于婚姻，这是一个交易市场，只有入市是自由的(期限受到约束和强制，绝非我们的意愿所能支配)，这个市场一般是为其他目的设立的，其中需要清理千百种外来的纠纷，弄不好联系就会切断，热情之路就会转方向。而友爱除了友爱本身以外，没有其他闲事与牵连。

这种神圣的友爱是靠默契与交流滋养的，老实说，女人资质平庸，达不到这样的默契与交流；她们的心灵也不像坚强得可以忍受那么紧的套结，那么久的束缚。当然，如果没有这个，如果可以建立这样一种串联自由与自愿，不但心灵得到完全的享受，身体也参与结合，整个人全身心投入，这样可以肯定友爱会更丰富更完满。但是还没有例子说明女性达到这一点，古代哲学流派也一致同意把女性排斥在外。

另一种狎昵的希腊式爱情也理所当然地为我们的习俗所不容。那种爱在习惯上情人之间的年龄差别很大，宠幸程度也不一样，也不符合我们这里要求的情投意合和谐一致：

> 这种友好的爱究竟是什么？为什么一个丑的年轻人；一个美的老头儿就没人爱？
>
> ——西塞罗

当我对此这样说时，我想柏拉图学院提到的情景也没有对我否定。维纳斯的儿子在情人心中燃起对花季少女的初恋，这一种毫无节制的热情剧烈澎湃，造成一切鲁莽行为，也为他们所容许的；但是这种初恋仅仅建立在以身体生殖作为假象的一种外表类上。这在精神上是不可能的，精神表现是隐藏的，它还只是刚刚诞生，处于萌芽的前期。

品行低下的人有了迷恋，他追逐的手段会是财富、礼物、封官许愿以及其他卑劣的交易，这是柏拉图派所唾弃的。心灵高尚的人有了迷恋，采用的手段也会是高尚的：哲学教育，学习尊重宗教，服从法律，为国捐躯，宣扬英勇、谨慎与正义的范例。爱的人用心修饰自己的灵魂，使之美丽高雅，能被对方接受，身体已渐渐失去风采，盼望以精神交流建立一个更为密切长久的联络。

当这种追求达到成熟，那时被爱的人通过一种精神美的媒介，心中孕育对精神的欲望。（他们并不要求爱的人在追求爱的时候从容慎重，而要求被爱的人在这方面做得一丝不苟，因为他要对内心美作出判断，这是很难识别与不易发现的。）精神美是主要的，肉体美是次要的、偶然的；这恰是爱的人的反面。由于这个原因，他们更推重被爱的人，证实奥林匹斯诸神也偏爱被爱的人，高声斥责诗人埃斯库罗斯[1]在阿喀琉斯和帕特洛克罗斯的恋爱中，把爱的人这个角色给了阿喀琉斯，让这个青春年少的小伙子当上了希腊第一美男子。

达成相互一致后，友谊中最有价值的核心部分发挥作用，占主导地位，他们说从这里产生对己对人都非常有用的果实。这也是接受这种习俗的国家的力量所在，公正与自由的主要捍卫者。阿莫狄乌斯和阿里斯托吉顿之间健康的爱就是证明。他们于是称之为神圣崇高的。在他们看来，暴君的残暴与民众的懦弱才对它充满敌意。

总之，要说到学院派的主张有什么称道之处，就是认为爱最后归结为友爱，这跟斯多葛派对爱的定义倒也并不相违：

> 我们被一个人的美吸引时，爱就是要获得其友谊的一种尝试。
>
> ——西塞罗

再来说我对友谊更平易更公允的描述：

> 当性格与年龄达到成熟与稳定时，才能对友谊作出完整的判断。
>
> ——西塞罗

目前，通常所说的朋友与友谊，只是认识与交往，由某种机会或偶然性促成的，通过它我们的心灵进行交谈。而我说的友谊，则是两人心灵彼此密切交流，全面融为一体，觉不出是两颗心灵缝合在一起。如果有人逼着我说出我为什么爱他，我觉得不能够表达，只有回答："因为这是他，因为这是我。"

除了我理解以及我能够予以明确说明的东西以外，促成他与我成为知交的还有我说不清的缘分。尚未谋面，只在别人嘴里听到对方的消息就超出常情地促进彼此的好感，就相互希望结识，我相信这里面有什么天意。我们听到名字就先拥抱了。

偶然在城里的一次大集会上，我们初次相遇，真是一见如故，说话那么投机，彼此那么仰慕，从此以后，再也无人比我们更加知心了。他写了一首杰出的拉丁讽刺诗，后来发表了出来。诗中对我们相认不久就心领神会，那么迅速默契无间，都作了辩解与说明。生命易逝，相见又恨晚，因为我们两人都快近而立之年，他还比我长几岁，不能再让时光虚度，按照正常慢悠悠的交友模式，事前要有长时间小心翼翼的交谈。

我们的友谊就是自成一格，除了友谊以外别无他想。这不是一种特殊的因素，也不是两种、三种、四种，一千种；而是所有这一切混合而成的精髓，我也说不清是什么，它控制了我的全部意志，带着它陷进和消失在他的意志中；它也控制了他的全部意志，带着它陷进和消失在我的意志中，怀着同样的饥渴，同样的激情。我说的消失，是真正的消失，属于我们自己的什么都没留下，不分是他的，还是我的。

罗马执政官对提比略·格拉古[2]定罪以后，追捕所有与他有过密谋的人；当列里乌斯在执政官面前问盖乌斯·布洛修斯（格拉古的最主要的朋友），他愿意为朋友做什么事，布洛修斯回答说："任何什么事。"

"怎么任何什么事？"他又问，"假如他命令你放火烧掉我们的神庙呢？"

"他决不会命令我做这样的事。"布洛修斯反驳说。

"要是他命令呢？"莱利乌斯又追问一句。

"我会服从命令的。"他回答。

史书上说，如果他真是格拉古的密友，他就犯不上最后说出这句大胆的心里话去顶撞执政官，他不应该放弃他对格拉古的意愿的信任。

然而，指责这是一句煽动性回答的人，没有领会到这其中的奥秘，没有料到他其实对格拉古的意愿能做什么，知道做什么，都了如指掌。他们不是因为是同胞而成了朋友，不是因为做朋友而成了朋友，不是因为都与国家为敌，都为了实现野心、制造混乱而成了朋友，他们就是朋友。他们完全情投意合，也完全掌握彼此脾气性情的缰绳，靠美德与理性行为操纵这辆马车（就像不装上这个是不能够驾驭的），因此布洛修斯的回答恰到好处。

如果他们的行动不协调，他们就不是按我所说的朋友，也不是他们这样的朋友。在这方面，我的回答不会比他更好。如果有人问我："假如您的意志命令您去杀自己的女儿，您会杀吗？"我只有同意。这并没有证明我同意这样做，只是我毫不怀疑我的意志，也毫不怀疑朋友的意志。我对我的朋友的意图与判断是确信不疑的，任何人说任何理由都不能推翻我的信念。他的任何行动不论以什么面目出现在我面前，我都不会不立即找到它的动机。我们的心灵步调一致地前进，相互热忱钦佩，这样的热忱出自彼此的肺腑深处，我不但了解他的心灵犹如了解自己的心灵，而且还更乐意相信他超过相信我自己。

但愿不要把一般人的普通友谊归于我这一类；我对这些友谊，甚至其中最好的友谊，也像别人有同样的认识。但是我劝大家不要混淆了它们的规则，不然就会犯错。身处在那四种友谊中，要缰绳在手，谨慎小心。情谊不是密切得可以让人不必担心疏远。开伦说，"爱他时想着有一天会恨他，恨他时想着有一天会爱他。"这个警句用在我说的至高无上的友谊上是可恶的，用在普通平常的友谊上是清醒有益的；针对它们，必须引用亚里士多德的那句老话："我的朋友啊，朋友是没有的！"

效劳与利益是其他一般的友谊的养料，在高尚的交往中这不屑一提。理由是这会混淆我们的意愿。我心中的友谊——不管斯多葛派怎么说——并不因我给人家危难时帮了忙而有所增加，正如我为自己服务也不会对自己表示任何感激，同样由于这样的朋友的一致是真正完美的一致，根本不去想什么是义务或不义务，至于恩情、尽责、感激、请求、道谢以及这类区分你我与包含差别的用词，在他们之间遭到憎恨与驱逐。他们的一切都是共有的：意愿、想法、判断、财产、妻儿、荣誉与生命，根据亚里士多德的非常恰当的定义，他们会成了一个双身子灵魂，于是也不可能给予对方什么和借用对方什么。

这说明为什么立法者，为了把婚姻尊崇为想象中多少带有神圣意义的结合，禁止夫妻之间有什么馈赠，愿意以此说明一切都应是他们共有的，在一起没什么可以分割的。如果说在我谈的友谊中一个人能够给另一个什么，这应该是接受好处的人让他的同伴表示感激。因为两方最突出的愿望就是给对方做好事，提供物质与机会的人也就是慷慨的人，他满足朋友去处于他的位子做他最渴望做的事。哲学家第欧根尼缺钱花的时候，他不说向朋友借钱，而是说向他们讨钱。为了说明这类事在实际上是怎样做的，我举出一个古代的例子，真是匪夷所思。

科林斯[3]人欧达米达斯有两个朋友，西希昂人卡里塞努斯和科林斯人阿雷特斯。他的两个朋友很富，他自己很穷，临死前立下这样的遗嘱："我遗赠给阿雷特斯的是对我母亲晚年的供养；给卡里塞努斯的是把我的女儿出嫁和赠给她尽可能丰富的嫁妆；若两位被遗赠人中有一人先过世，我要在世的人承接我给他的这份遗赠。"

最初看到这份遗嘱的人付之一笑。但是他的继承者获知内容以后都欣然接受。其中一位，卡里塞努斯5天后也过世，就由阿雷特斯替代继承。他悉心赡养这位母亲，从自己的五塔兰财产中分出两塔兰半给自己的独生女做嫁妆，另外两塔兰半给欧达米达斯的女儿做嫁妆，并在同一天给她们举行了婚礼。

这个例子几乎是完美的，除了有一种情况，就是朋友不能是多数。因为我说的这种完美友谊是不可分割的，每个人都把自己全部给了对方，再也留不下什么给别人。相反，他还遗憾自己不能一化为二、为三、为四，自己没有好几个心灵、好几个意志，统统都奉献给一个对象。一般的友谊是可以分享的；可以爱这一位相貌好，爱另一位性格随和，再爱一位慷慨大方，有的慈爱似父辈，有的情谊像兄弟，等等；但是这个友谊占有和支配着我们的心灵，是不可能一分为二的。如果两人同时要求你帮助，你奔向谁呢？如果他们要求你做两件相反的事，你怎么安排呢？如果有件事一人要你保守秘密，另一人又有必要知道，你怎么应付呢？

专一、压倒一切的友谊容不得其他一切义务。我信誓旦旦不去泄露的秘密，我不用假惺惺就能透露给的另一个人就是我。两人同心同德已是了不起的奇迹，有的人说三个人同心同德，这是不知道这种友谊高不可攀。凡有可以比拟的东西就不是极致的。有人假设我对这两人的爱不分上下，他们相互爱也爱我，也不亚于我爱他们。那是他把唯一、统一的友谊庸俗化成了大众的友爱。而那种友谊即使走遍全世界也是很难觅到的。

这个故事的下文非常符合我刚才说的：欧达米达斯在需要时向朋友求助，看作是对他们的好意与恩惠。他让他们做了他这份慷慨赠予的继承人，即是授予他们如何给他做好事的方法。毫无疑问，他做的事要比阿雷特斯做的事更显出友谊的力量。总之，对于从来没有体验这种友谊的人是很难想象其威力的。尤其令我称道不已的是那位士兵对居鲁士一世[4]的回答。士兵的马刚才在比赛中获奖，国王问他那匹马想卖多少钱，愿不愿意去交换一个王国，士兵说："陛下，当然不会的，不过要是我找到值得交心的人，我很乐意换来跟他做朋友。"

他说得不错："要是我找到"；因为要找泛泛之交的人有的是。但是我说的那种，遇事商量要推心置腹，毫无保留，一切心机都必须开诚布公。

人与人的关系只需顾及一头时，于是大家也仅仅防止这一头出现任何不足之处。我的医生、我的律师信什么宗教无关紧要。他们好意给予我的服务与这层考虑都扯不到一起去。我跟为我做事的人的主仆关系也是如此。我从不过问一个仆人近不近女色，我要知道他是不是勤劳。我担心赶驴的不是赌钱，而是笨手笨脚，担心厨师的不是爱骂人，而是做不好菜。我不会出头跟大家说该做什么——出头说的人已够多了——而是我做的是什么。

> 我这样做，你可以按你的方法做。
>
> ——泰伦提乌斯

我跟爱说笑和不拘谨的人在餐桌上不拘礼节。在床上，首先是美，其次是体贴；在交谈中，首先是能干，哪怕不婉转。其他事也如此。

就像阿格西劳斯，被人撞见骑着一根棍子跟他的孩子在玩，要求看见的人什么都不要说，等他自己当了父亲，认为心里也有这份父爱，会使他对这个行动作出公共的评判。对那些试过我说的那种友谊的人，我希望也这样说。但是深知这样一种友谊实属少有，与时下常见的友谊天差地远，并不期待会找到公正的法官。因为古代给我们留下的文献中，谈到这个题目我觉得跟我所说的感情相比平凡逊色。在这点上，事实要超过哲学的教条：

> 对隽智者来说，什么都及不上一位好友。
>
> ——贺拉斯

古人米南德说，就是遇见朋友影子的人也是有福了。他当然有理由这样说，尤其这话他是有感而发的。如果我回顾一生，说真的，蒙上帝的恩宠，除了失去过一位这样的朋友，我过得非常平静舒适，无忧无虑，心境愉悦，满足于自然基本的需要，也不思其他；我要说的是，若把这样的生活跟我与那位朋友怡然相伴的那四年相比，那就只算是烟云，昏暗无聊的黑夜。自从失去他的那天，

> 这天永远让我伤心思念，

（神啊，这是你们的旨意！）

——维吉尔

此后我过得无精打采；若遇上快乐的消遣，不但不能给我安慰，反使我加倍怀念他的不在。我们各人为整体的一半，我觉得我偷去了他的一份。

今后再也不追求快乐，

既然他已不在与我分享生活。

——泰伦提乌斯

我已那么习惯于到哪里都是以第二个自居，而今竟好像只剩下了一半。

啊！假若命运夺去了我的半个灵魂，

另半个我留在这里做什么用？

既然它对我已不再可亲，勉强图存。

那天何不使我们同时沉沦！

——贺拉斯

做什么，想什么，我都会对他思念；犹如他也会这样对我思念。他在学问与品德上超过我何止千里，同样尽友谊之责时也是如此。

为什么要为我的悲悼脸红？

为什么痛哭我的知友不能放声？

——贺拉斯

兄弟，失去了你我多么不幸！
随着你而去的还有这些欢乐，
那是你的温情友谊带给我的！
你走了，我的幸福也随之破碎，我的兄弟，
随着你，两人的灵魂一起葬入坟里。
你的死亡也带去了我生活中
勤读的悠闲与思索的乐趣。
我再也不能跟你说话，听你说话？
比我生命还亲的，兄弟啊，
永远爱着你难道也见不着你？

——卡图鲁斯

但是让我们听听这个十六岁少年说些什么。

因为我发现这部作品后来被人怀着不良意图出版了，那些人企图制造混乱，改变政策，毫不在乎这是否有利于局势的改进。他们还把自己写的其他文章夹在里面，我决定收回在此刊登的诺言。为了作者的名声不致在对他的思想行动不够熟悉的人中间受到影响，我告诉他们这篇论文不过是他少年时代撰写的习作，主题也属老生常谈，在各种书籍里成千处出现。

我毫不怀疑他对自己写的东西是相信的，因为他做事认真，就是在游戏时也不说谎。我还知道若由他自己来选择，他宁可出生在威尼斯而不是萨尔拉；这是有道理的。但是他还有另一条格言，深深铭刻在他的心灵上，就是非常虔诚地服从和严守他出生地的法律。哪个公民也不及他奉公守法，更热心促成国家的安宁，敌视时局动荡和改革。他只会运用自己的力量去消除动乱，而不会去推波助澜。他的思想是按照前几个世纪的模式形成的。

于是，我将用另一篇文章来代替这篇严肃的作品，也是在那个年代写的，但是更加轻松活泼。

注释

[1] 埃斯库罗斯(公元前525/524—前456/455)，古希腊雅典三大悲剧诗人之一。

[2] 提比略·格拉古(公元前162—前133)，古罗马政治家，平民派保民官。

[3] 科林斯，希腊的一个城市，公元前8世纪已成为商业和制造业中心。

[4] 居鲁士一世(约公元前600—前529)，即“居鲁士大帝”，古波斯帝国国王(前558—前529在位)。

论交谈艺术

我们的司法中有一条做法是杀一儆百。

人做错了事就定罪，柏拉图说这是愚蠢。因为做过的事已无法挽回；但是可以让他们不再犯同样错误，或者别人不重蹈覆辙。

绞死的人无法改正，通过绞死的人来改正别人。我也如此。正直的人作出示范的榜样让人受益，而我不让人学我的样而对别人有益：

看到么，阿比乌斯的儿子生活苦？
巴路斯又多么穷？让浪荡子
记住教训……

——贺拉斯

把我的缺点公之于众，有人见了就会害怕。最叫我自鸣得意的，自责比自吹还感到光荣。这说明我为什么常常乐此不疲。当一切都昭然若揭，再谈论自己也不会损失什么。说自己差，人家就会信你；说自己好，人家就不会信你。

有人可能跟我的气质相同，从反例中比从范例中，从回避中比从追随中学到更多东西。这类教益来自大加图[1]，他说贤人得益于愚人，更多于愚人得益于贤人。波萨尼亚斯说到那位古代里拉琴师，老是强迫他的弟子去听他家对面一位拙劣乐师的演奏，学会听到荒腔走调就发恨。我讨厌凶狠，也就使我偏向于宽大，甚至比宽大为怀的范例还走得远。一名优秀骑师要纠正我的骑马姿势，还不如坐在马背上的检察官或者威尼斯人有效。一个错误的说法比一个正确的说法更能改正我的说法。

我天天都把别人的愚蠢举止看在眼里，记在心里。难过的事比开心的事更容易触动我，惊醒我。时间只有回头来看才能改进我们，冲突比协调，差异比相似更有效。我得益于好事不多，于是就从坏事中去汲取一般的教训。我看到别人讨厌，就努力让自己讨人喜欢；看到别人软弱，让自己坚强；看到别人态度僵硬，让自己和气。我还给自己制订不做到誓不罢休的措施。

依我看，训练思想最有效与最自然的方法是与人交谈。我觉得这是我们生活中比什么行为都要温和的做法。所以我若被迫作出选择，我相信就是失去视力也不要失去听力与说话能力。雅典人，还有罗马人，在他们的学院中这种训练居于光荣的主课地位。在我们这个时代，意大利人还保留了古代遗韵，这对他们大有裨益，这从他们与我们的理解力比较上就可以看出。

书籍阅读，这个行动迟缓，叫人冲动不起来。而讨论让人学到东西，同时又锻炼口才。我若跟一位有主见的人和强手讨论问题，他就会不断出手，令我左右难以招架；他的想象力会刺激我的想象力，嫉妒心、荣誉感、凝神专志会催促我，推动我超越自己。在讨论中你唱我和意见一致，那是最没劲的。

由于我们的思想在跟俊彦人士切磋中得到磨炼提高，决不能说跟凡夫俗子日常不断的交往会使我们变得迟钝与衰退。这方面不存在传染与扩散。我从切身经验知道是怎么一回事。我喜欢思想交锋与讨论，但是这是跟少数人，是为了我自己。在权贵面前拿腔作势，唯恐不能卖弄自己的才学与三寸不烂之舌，我觉得一位有识之士是不屑这样去做的。

愚蠢是一种坏品质；但是像我这样不能忍受，为之气恼与心烦，这也是另一种病，绝不比愚蠢少叫人讨厌。这是我现在愿意自责的地方。

我这人非常自由随意地就会与人交谈与争论，尤其是在一种意见难以在我心中扎根的时候。什么建议都不会叫我吃惊，什么信仰都不会叫我生气，不管它们与我多么格格不入。我认为不论如何荒谬离奇，毕竟都是符合人类精神成长过程的产物。我们这些人，不让判断力拥有决定的权利，对不同意的看法就会软弱无力；我们若不作出判断，也可轻松地伸出耳朵。如果天平的一个秤盘上空无一物，我就让另一秤盘在老妇人的梦想下摇晃。我若更喜欢的是单数而不是双数，星期四而不是星期五；在宴席上第十二或十四座位而不是第十三座位，在旅途中更愿看到一只兔子沿着而不是横穿我的路走；穿鞋子时先穿左脚再穿右脚，我觉得这些都是可以原谅的。

所有这些怪念头在我们周围很流行，至少值得大家去听听。对我来说，它们总还聊胜于无，但也只是聊胜于无。同样民众偶发的看法还是要比实际的虚无更有分量。人若为了避免迷信之嫌什么都听不进去，则会犯上顽固之症。

意见相左不会冒犯我，也不会损害我；只会惊醒我，磨砺我。我们不思改正。其实应该挺身而出，迎头而上，尤其当改正以讨论的方式而不是训斥的方式提出来的时候。每次遇到相反的意见，我们不去注意这是不是正确，而是千方百计为自己开脱。我们不是伸开双臂，而是张开爪子。我可以忍受朋友对我粗声粗气说："你是个蠢人，你在做梦吧。"我喜欢文人学士之间说话要有勇气，想到什么就说什么。应该增强听话能力，善于辨别语言中的虚情假意。我喜欢豪爽随便的交往，友情深重，直来直去，不怕得罪对方，就像爱情，难免会咬一口抓一把弄出血来。

友谊若不发生口角，若讲究文明与客套，若害怕冲突与缩手缩脚，就不够豪爽跌宕。

因为不争吵是争论不起来的。

——西塞罗

有人违忤我的意思，会引起我的注意，而不是怒火；我会过去向那个说反话的人请教。寻求真理应该是双方共同的事。他会作出怎样的回答呢？激动的情绪已经影响到他的判断。理智未发挥作用以前，思维已陷于混乱。或许用物质的损失作为依据，来回顾我们的决定还是有用的，以致我们可以这样总结，我的仆人也能够跟我说："就因为无知与顽固，去年一年有20次每次让您损失了一百埃居。"

无论从谁的手里学到真理，我都会额手称庆，欣然迎上前去，远远向它缴械投降。只要他不是太盛气凌人，横加指责，我决不拒绝人们对我作品的批评；我也经常改动，有时进行修饰更多看在情面；因为人家看见我容易采纳意见，更会好心自由地开导我；有时也使我弄巧成拙。

然而要吸引当代人做这件事很不容易。他们没有勇气去修改，因为他们没有勇气被人修改，在人前总是文过饰非。我是那么高兴被人评判，被人认识，因而无论修改别人或被别人修改我都一样高兴。我的想法经常自我矛盾和自我否定，于是人做或者我做没有什么不同，主要还是对他的批评我愿意给予同样的权威性。但是我绝不跟过于专横的人打交道，我就认识一个人，他的意见不被采纳就怨气冲天，人家不照他的话做便破口大骂。

苏格拉底遇到有人对他的言论有不同意见，总是含笑接受，我们可以说这源自他的自信力，最终优势总是在他那一边，他接受它们更增添一份他的光荣。但是从另一方面我们看到自视甚高与轻视对方最会使我们的感情变得脆弱，按理来说，弱者更愿意接受对方有利于他提高与改进的意见。

实际上，我有意多接近对我严厉的人，而少接近对我害怕的人。跟崇拜我们的人，和礼让我们的人打交道，谈不上乐趣，而且还是有害的。安提西尼[2]告诫他的子女决不要感谢和宽恕对他们唱赞歌的人。在激烈的论战中，我被对方有力的道理所折服，也从而战胜了自己，我对这样的胜利非常自豪，远远超过我利用对方的弱点而把他战胜的喜悦。

总之，向我直截了当提出各种各样的责难，不管如何无关紧要，我都采纳与承认，但是对于那些无中生有的责难则缺乏耐性。我不在乎内容是什么，我对意见总是一视同仁，哪个说法赢了也差不多无所谓。如果辩论进行有条有理，我会整天平心静气地提出看法。我对力量与缜密就不及对条理那么有要求。牧羊人、小店员天天吵架中见到的条理，在我们之间从不存在。他们若有出轨之处，那是缺少礼貌；我们也这样。但是他们大声嚷嚷，心急气躁，从不脱离吵架主题，他们的语言循着思路前进。他们打断对方说话，抢在前面先说，至少他们彼此理解。对我来说，回答得体就是最好的回答。但是当大家争得不可开交时，我会离题，一气之下贸然纠缠在形式问题上不放，顽固蛮横地进行狡辩，事后叫我不得不为之脸红。

跟蠢人是无法坦诚相见的。在一位暴君手下，不但是我的判断力，还有我的良心也会受到腐蚀。

我们的争论应该像其他口头罪行那样列为违法，受到惩罚。争论总是受怒气的掌控与操纵，会引起和积攒多大的罪恶！我们首先针对理性，其次针对人抱敌视的态度。在争论中学到的只是反驳，每个人都在反驳，又在被别人反驳，于是争论的果实就是失去真理和毁灭真理。因而柏拉图在他的《理想国》一书中禁止头脑不健全和出身低微的人参加争论。

你要追求的是事物本质，跟一个既无才学也无见识的人能够探讨出什么呢？离开主题去探究对待主题的方法，这并不损害主题。我说的不是学院式、矫揉造作的方法，而是自然、思维清晰的方法。结果会怎么样呢？一个往东，一个往西；他们失去了谈论的要旨，对事情东扯西拉之际也把它扔到一边去了。暴风雨刮了一小时后，他们都不知道自己要说的是什么。一个偏高，一个偏低，另一个更远离靶心。

有人抱住一句话、一个比喻不放；有人只沉浸在自己的思路中，再也感不到人家反对他的是什么，他想到的是自己的想法，不是你的想法。有人感到自己底气不足，害怕一切、拒绝一切，一开始就语无伦次，或者争到激烈时赌气一声不出；虽然无知得可怜，还要装出高傲的蔑视或者傻乎乎的谦逊来逃避交锋。

这个人只顾到攻击，没有料想自己是多么暴露。那个人字斟句酌，满口都是道理。还有人发挥嗓音与肺活量的优势。这里有人作出自我否定的结论，那里有人用毫无意义的开场白与废话说得你晕头转向！有人纯然以辱骂为武器，平白无故找岔子吵架，来摆脱别人对他的紧逼，不敢与之来往。最后还有不讲道理的，但是用他一套教条与花言巧语把你困在辩证法的围墙内。

谁不开始对学问失去信任，谁不怀疑从学问中是否可以学到有益于生活的实际知识，同时在考虑我们常说的这句话：

毫无用处的学问。

——塞涅卡

谁学逻辑学提高了理解？它的美好的诺言又实现在哪里？

并不活得更好，也不思维更健全。

——西塞罗

谁都看到搞这一行的人当众吵架时，要比长舌妇的唠叨还聒噪。我宁可儿子去小旅店里学说话，也不让他上专门学校学口才。

找一位艺术教师谈谈，欣赏到他推理严密、条理清楚，怎么不让我们折服于他的架势，不叫女人和我们这样的无知之徒不着迷呢？他怎么能不凌驾于我们之上，一切都听他的呢？这么一位出类拔萃的人物为什么在出手时口出脏言，举止不雅，大光其火呢？让他脱下礼帽长袍，不要满口拉丁语；让他别在我们耳边唠叨他生搬硬套的亚里士多德；你就看出他是我们一类的人，或者更糟。他们把语言颠三倒四，说得我们如坠云雾，使我觉得他们好比是要把戏的艺人；他们巧舌如簧可以冲击我们的感官，但动摇不了我们的信仰。除了能说会道以外，他们做的事无一不庸俗低下。虽是知识多了一点；人则没有更加聪明。

我喜爱与敬重学问，不亚于喜爱与敬重有学问的人；使用得法，学问是人类最高尚和强有力的收获。但是有些人（这类人不计其数），他们把学问作为自负与价值的基础，以记忆力代替了智力，

躲在他人的庇荫下。

——塞涅卡

除了照本宣读以外什么都不会，他们身上的这种知识我讨厌，若敢大胆说，还比愚蠢更讨厌。

在我的国家，在我的时代，知识经常改善的是钱包，很少是心灵。知识若遇见软弱的心灵，成了一堆难消化的硬块，阻滞和窒息心灵；若遇见飞扬的心灵，它必然使它清澄净明，直至精纯到苍白为止。知识这东西本身无所谓好与坏，对天资高的人是非常有用的点缀，对不是这样的人反而有害，造成损伤。也可以说是用途讲究的东西，不出高价是得不到的；在某人手里是权杖，在另一人手里是丑物。但是让我们接着往下说。

让你的敌人知道他不可能打败你时，你还等待比这更伟大的胜利吗？当你的建议占上风时，这是真理的胜利。当你的规矩与行为占上风时，这是你的胜利。在柏拉图和色诺芬的作品里，我的看法是苏格拉底在辩论中更注重提出论点的人而不是论点本身，为了教育欧提德莫斯[3]和普罗塔哥拉，要他们认识自身的不当，更多于他们辩术的不当。不论遇到什么题目，他树立一个更有用的目标，不是把它的内容说明白，而是要人的思想弄明白，这即是弄明白思想他才能进行塑造与锻炼。

要狩猎必然有惊动与奔跑。我们做得不得当是不可原谅的；一无所获则是另一回事。因为我们生来是追求真理的，真理的掌握属于更高超的力量。犹如德谟克利特[4]说的，它不是藏于深渊之底，而是置于九天之上，属于神的认知范围。人间只是一所探索学校。这不是谁进入里面，而是谁跑得最快。说真话的人与说假话的人可以是同样在装疯卖傻，因为我们计较的是说话方式，而不是说话内容。我这人把形式与内容、道理与原因看得一样重要，像亚西比得[5]要求别人做的那样。

我每天读书消遣，不分学科，研究的不是内容，而是作者对待主题的方式。这样我与某位大家保持联系，不是为了他教我什么，而是为了我认识他。

人人可以说得很真诚；但是要说得有条理、有分寸和恰到好处，那只有少数人能够做到。因而，使我生气的不是由于无知说错话，而是由于愚蠢说错话。我中断过好几次对我有利的买卖，是由于跟我做交易的人无理取闹。听命于我的人犯错误，我一年中也不会生气一次，但是有人要是愚蠢强辩，提出的理由与借口荒诞不经，那我们会天天闹得面红耳赤。他们既没听明白说的是什么，也不知道为什么，还是照样回答，这真是让人要命。

我只有自己的头碰上了另一人的头才觉得撞得很凶，手下人有罪过我可以妥协，他们冒失、讨厌与愚蠢我决不放过。只要他们有一技之长，可以让他们干得少些，对他们的奋发抱着希望；但是对一根枯木不要妄想它会开什么花。

要是我换一种态度对待事物呢？我可以这样做，不过我要责怪的是我缺乏耐心，首先认为它对于对的人与错的人同样是有害的(因为还是那种暴君式的专横，不能容忍与己不同的想法)。其次，说实在的，对世人的荒谬激动与恼火，那是最大、最常见和最要不得的荒谬事。因为这主要是在跟我们自己过不去。古代那位哲学家[6]一想到自己的处境，从来不会放过机会大哭一场。七贤之一米松[7]，兼有蒂蒙和德谟克利特的性格，被人问到为什么独自在笑，回答说："就因为我独自在笑也就笑了。"

从我自己看来，每天要说和回答多少蠢话，从别人看来更不知还要多多少！我若能咬紧牙关不说话，别人又会做什么呢？总而言之，我们必须生活在活人中间，让河水在桥下流过，不用我们操心，至少不用我们去改变。毕竟，我们遇见身体畸形的人不激动，为什么遇见精神障碍的人就不能忍受，要大光其火呢？这种暴虐的态度来自人的判断而不是那人的缺陷。让我们永远念念不忘柏拉图的这句话："我觉得什么不正常，岂非是我自己不正常？"不是我自己有错吗？我的责怪不会是针对我自己的吧？智慧神圣的老话鞭挞的是众人共同普遍的错误。不但我们相互的指责，即使我们在争执中提出的理由与论证一般反弹到我们自己身上。我们会被自己的武器刺穿身子，古代给我们留下不少意义重大的例子。

这句话实在是说得太巧妙太合适了：

人人都觉得自己的大便也是香的！

——伊拉斯谟[8]

我们的眼睛看不到身后，一天中上百次，我们在邻居身上嘲笑的是我们自己，讨厌他人的缺点，其实这些缺点表现在我们身上还要明显，自己则恬然不以为怪，反而欣赏不已。就在昨天，我还见到一位明白事理的好好先生，嘲笑另一人的愚蠢做法，说得既风趣又实在。那个人拿了他的大半是伪造的家谱与联姻关系跟谁都干仗（身份愈是可疑与不确切的人愈是起劲说这类蠢话)；他若再回过头看自己，他到处散播与吹捧妻子的光耀门第也同样夸夸其谈，令人生厌。而老婆被丈夫这么一捧居然也神气活现起来！他们若懂拉丁语，应该对他们说：

来吧，她若不够疯，催她再疯些。

——泰伦提乌斯

我的意思不是说自己不清白就不要批评别人，那样的话就没有人可以批评了。也不是说他自己必须没有同样的错误。我的意思是说，当我们针对别人作出判决，不能让自己在内心不受审讯。一个人不能清除自己身上的罪恶，却忙着清除别人身上不怎么有害和根深蒂固的罪恶，这也算是做好事么。

有人提醒我的过失，而我说这个过失他也有，我觉得这也不是适当的回答。这一切算什么？提醒总是实在和有益的。我们要是鼻子灵敏，自己的粪便应该更加容易闻到臭。

苏格拉底认为，任何哪个人看到儿子和一个外人动粗对骂，他觉得自己有罪，应该首先上法庭去受处分，为了赎罪要求刽子手帮助惩罚自己，然后惩罚儿子，最后才是外人。如果这样认识问题的调子太高了，至少他应该首先在良心上谴责自己。

感觉是我们固有的第一批法官，通过外部反应观测事物。在我们社会的各个服务部门，浮现于表面的仪式永远是普遍配合的，以致最佳与最有益的政策也体现在这里，也就不足为奇。我们什么事都是以人为本，而人的条件又是奇妙地以外形为主。

前几年，有人要给我们创造一种完全是无形的沉思静修方式；要是在我们中间，除这种方式以外不树立标志、名称与派别之类的属性，就会让人觉得这会从他们的指缝间溶化与消失，这也不用惊讶。就像在会议中，讲话人的端庄、长袍、地位经常使他一些平淡无奇的废话也有了分量。大家不会去想，这么一位受人追捧、令人敬畏的人物肚子里没有一点超出常人的本领，一个头衔众多、趾高气扬、不可一世的人并不比远远向他行礼、无官无职的人更能干。

这些人不光是说的话，还有装出来的怪相，也非同一般，自有人挖空心思去给它们引经据典，美化一番。倘若他们大驾光临，参加大众的讨论，你若向他们说几句不够恭敬和逆耳之语，他们便会倚老卖老来吓唬你：这是他们听到过的，看到过的，做过的。于是例子便会没头没脑压过来。

我会跟他说一位外科大夫有了经验，并不一定会把医术说得头头是道；他只记得治过四个瘟疫病人、三个痛风患者，如果不能从他的实践中归纳经验，还是不能让我们觉得他通过行医变得更加聪明了。

犹如在一场音乐会，听的不是单一的诗琴、斯频耐琴和长笛，而是整体的和谐声，所有这些乐器的交响乐。如果旅行和工作增进他们的见闻，这是通过他们的领会表现出来的。经验累积是不够的，还必须融会贯通，琢磨其中的道理，从中得出结论。

如今历史学家何其多！因为他们博闻强记，满腹经纶，听他们说话总是有用的。这对于生活当然大有裨益；我们此刻追求的不是这个，我们要弄明白的是史料叙述者与搜集者是不是值得称道。

我憎恨一切形式的暴政，口头的与行动的。我乐意倾全力反对这些通过感官模糊判断的荒谬状况。对这些大人物作了一番观察的同时，发现这些人充其量跟其他人没有什么两样。

> 一般说来，贵人缺乏常识。
>
> ——朱维纳利斯

也可能这些人还及不上表面那么好呢，尤其因为他们担任的事多，暴露自己的机会也多，他们担当不起他们的重任。挑夫的力量与能耐应该超过挑担的需要。一个人没有用尽全力，会让你猜测他的力量还绰绰有余，还是已经达到了极限；一个人挑不起他的担子，就暴露了他的能耐与肩膀的弱点。

这说明为什么在有学问人中间看到那么多的蠢人，比其他地方还多。他们可以做个优秀的管家、精明的商人、能干的工匠，他们的天资也仅限于做这类的事。学问是庞然大物，他们在底下会被压垮。他们没有足够的胸怀，足够的智谋来吸纳其中的精华，然后推广于人，造福大众。这需要气度恢宏，而气度恢宏的人是很少的。苏格拉底说："心地狭窄的人摆弄哲学会损害哲学的尊严。"哲学放在一只破盒子里，显得无用与有害。从中看出这些人是如何自欺欺人的，

> 就像猢狲学人样，
>
> 顽童用丝巾遮头上，
>
> 屁股背脊露在外，

满桌客人笑开怀。

——克洛迪安[9]

同样，那些治国安民、统治我们的人，把世界掌握在手的人，只具备一般人的智力，只能做我们能做的事，那是不够的。他们若不能远远超越我们，这说明他们远远低于我们。他们承诺愈多，欠债也愈多；因而沉默对于他们来说，不但显得举止庄重，经常还有藏拙的好处。

墨伽波斯到阿佩尔的画室去看他，好长时间不出声，后来开始议论他的画，为此遭到严厉的呵责："当你不声不响时，看到你的项链与排场很像个人物；现在人家一听到你开口说话，连我画店里的伙计也看不起你了。"这身华丽的装束，这种高贵的气派，不允许他像平民百姓那样无知，说到绘画满口都是外行话。他应该默默地保持这种自命不凡的外表。在我这个时代，脸无表情，沉默不言，装得聪明能干的样子，帮了多少蠢材的忙！

爵位与官职必须依靠才干，更多还是依靠运道获得的；经常有人错怪君王。反过来说，他们那么昏庸，却那么幸福，真是妙不可言：

君王要善于识人。

——马提雅尔

因为大自然没有赐给他们慧眼，不可能看到芸芸众生，识别他们的长处，洞悉他们的内心，从那里才会了解一个人的意志与才华。现在他们必须通过猜测、摸索、家族、财富、学派、百姓呼声来挑选我们，这些都不是充分的根据。谁能提出办法，凭正义评判事情，凭理智选择人才，以此就能制订出一套完美的制度。

“是的，他还是把这件大事做好了。”这当然也是个成就，但是还不够。因为正好还有这句格言：不应以事态发展来判断建议。在迦太基，凡有将官提出坏主意，虽然结果很幸运得到了改正，还是要受到惩罚。罗马人民经常拒绝给为国造福的辉煌胜利举行凯旋仪式，因为主帅靠指挥比不上靠他的好运气。

我们平时也可以从世界大事中发现，幸运之神告诉我们她在一切事务中举足轻重，就是要以此打击我们的自负心理，这样还是没有能够使无能的人更聪明；她使他们幸运，好像是在跟道德之神较劲。命运之神还乐意操纵事态的进行，这时候其脉络让人一目了然。从而我们天天看到最平庸的人会做成功一些非常重大的事情，包括公事与私事。

波斯人西拉内斯说话头头是道，经营的事屡屡遭到失败，大家都觉得奇怪，他对他们说，他说话可以自己个人做主，事业成功则要靠机会运气。那些人也可作同样的回答，但是从相反的角度。世间事大多数自行完成，

> 命运寻找自己的路。
>
> ——维吉尔

这条路往往让愚蠢通行无阻。我们的引荐只是一桩例行公事，考虑更多的是为人处世，而不是思维。有一件大事使我吃惊，我通过执行的人了解到他们的动机与做法，听到的尽是一些世俗之见，而最平庸的世俗之见虽然见不得人，却是最肯定和最容易会得到采纳的。

为什么最平常的道理最有根据呢？为什么最一般、最不高明、最因循守旧的做法用在事务处理上最合适呢？为了维护国王枢密院的权威，不需要让外人参与其间，把目光越过第一道障碍。我们若要它声誉保持不坠，就只要对他们全体毕恭毕敬。问到我时，我对事情勾勒出个大概，然后对开头的步骤浅浅一谈；至于重头戏，我皆交给老天爷安排：

其余皆由诸神定夺。

——贺拉斯

幸运与厄运依我看来是两大主宰力量。认为人的谨慎可以担当命运的角色，这种看法实在有欠谨慎。谁预测自己能够把握原因与结果，一手掌握事情的进展，这人的做法是徒劳的，在审议战争进展时更加徒劳。在军事上考虑问题审慎小心，远远超过我们平时的做事。他们害怕在中途迷路，保存力量去迎接这场游戏的最后灾难，不是这样想的吗？

我还要进一步说，我们的智慧与思考大部分情况下是受机会摆布的。我的意志与见解时而这个调子，时而另一个调子，其中许多变动是不受我掌控的。我的理智每天都会有突如其来的冲动与骚扰：

情绪变化无常；心思时而这样，
时而那样，犹如云朵
随着风转向……

——维吉尔

不妨看谁是城里最有权势的人，谁又干得最好。一般看到的往往是最不精明的人。也有过女人、孩童和疯子管理大国，干得跟贤明的国王一样好。修昔底德[10]说，坐在王位上的粗人要比细人多。我们把他们的好运归之于他们的智慧。

> 命运使他坐上了头把交椅，
>
> 在大家眼里也就成了人中豪杰。
>
> ——普洛图斯

因而不管怎样我要说，遭遇不足以说明我们的价值与能力。

现在我正说到了这一点，只要看一眼那些飞黄腾达的人。三天前我们还认识他是个无足轻重的人，不知不觉间我们的印象会改变，他有了个高大威风的形象，随着他的气派与权势增加，相信他必然有所贡献。我们评论他不是根据他的价值，而是像筹码的面值一样根据他的地位与特权。一旦交上霉运，沦为平民百姓，每人又会兴冲冲去打听他当初怎么会爬得那么高。大家说："真是他吗？他在台上时也这么昏庸？君王真那么好骗的吗？我们的领导真够英明的了。"这类事在我的时代见得多了。

即使舞台上大人物的面具，也是有意要打动我们，欺骗我们。我个人最欣赏国王的地方，就是他们有一大群朝拜者。尽管什么都会向他们卑躬屈膝，智慧却不会；而我，该向他们弯曲的不是我的理智，而是膝盖。

有人问梅朗提乌斯，他觉得狄奥尼修斯写的悲剧怎么样，他说："我没有看过，里面那么多的话把剧本都堵死了。"所以大多数人听过君王说话的人，也可以这样说："我没有听到他说什么，庄严肃穆把话都堵死了。"

有一天，安提西尼敦促雅典人，要他们下令让他们的驴子也像马那样耕田，他得到的答复是这个动物生来不是干这种活的，他反驳说："这都一样，这要看你怎么带领。你指挥战事时使用最无知最无能的人，就是因为你用了他们，很快就变得非常胜任了。"

这跟许多民族的习俗有关，他们从自己人中间选出国王，加以神化，若不崇拜他就认为对他不够敬重。墨西哥人在国王加冕授圣以后，再也不敢正视他的面孔。但是，人民授以王权使他成为神，同时也要他起各种誓言，其中有保持他们的宗教、他们的法律、他们的自由，要勇敢、正义和仁慈，他还要起誓让太阳沿着历来的轨道旋转发光，在适当季节使乌云变成雨，河水长流不改道，让大地带来老百姓的一切必需品。

我这人跟大众的看法还有所不同，看到精明能干的人，还伴有大量财富和得到百姓爱戴，会更加起疑。我们必须注意到这有多么重要，就是说话要及时，内容要恰当，架子十足地打断话头，或者改变话题，摇一摇头，笑一笑或者不说话就把别人的异议挡了回去，周围的人无不诚惶诚恐，毕恭毕敬。

当大家正在宴席上谈笑风生之间，一位平地青云的家伙发表自己的意见，他这样开头："只可能是个骗子或无知者才会不这样认为……"那时你就抓起匕首跟着去搞哲学斗争吧。

下面还有一个注意事项使我得益匪浅：在争论与商谈中，我们觉得正确的话并不一定立即被人接受。大多数人都是拾人牙慧，而装得很有学问。某人可能会说上一句俏皮话、一句妙对和一句格言，在人前用时又不知其分量。借来的东西并不一定好使，有时还得自己核实。不论这包含什么真与美的东西，不应该总是退让。我们必须有意识地进行抵制，或借口没有听明白往后退一步，四下揣摩作者到底是什么用意。也可能我们撞在他的剑头上，反而被他刺得更加深。

从前我在争得难分难解时突然出其不意反击，取得意外的效果。我反击时以数量让他们感到分量。就像我跟一位强者辩论，我喜欢先声夺人，不让他有充分表达的机会，把他刚冒出来尚不完整的想法抢先说了出来(他的思维一旦形成条理则会给我警告，远远构成威胁)。对其他人我采取相反的办法，一切按他们说的去理解，不要预测什么。如果他们泛泛评论："这个好，这个不好，"居然又说中了，那就要看是不是命运替他们说中的。

让他们对自己的评语说得更具体更集中一点：为什么好？哪里好？这些到处可用的评语我认为是太平常了，完全言之无物。这就像面对一个人却向整个民族致敬。那些对此真正有认识的人向他致敬，都会指名道姓个别对待。但是这样做有风险。我无日不看到那些根基浅薄的人要附庸风雅，阅读中要发现某部作品的精华，却对糟粕唱起了赞歌，不但没有向我们介绍作者的长处，反而暴露了自己的无知。

当你看完维吉尔的一页，可以放心地喝彩："这才是美！"机灵的人借这句话躲过去了。但是要一步步深入阅读，得出精辟的见解，看到一位好作家在哪些方面擅长，又如何字斟句酌，新意迭出，提高了自己，那就得扩大研究！

> 不但要研究每人说了什么，还要研究他的看法，甚至看法的根据。
>
> ——西塞罗

我天天听到有些蠢人说的话并不蠢。他们说的是一件好事，让我们看他们了解了多少，是从哪儿得到的。我们帮助他们使用他们还不完全掌握的这句好话与好道理。他们只是使用着，或者还是偶然与摸索着创造的。我们使它发扬光大。

你帮他们一把。这是为了什么？他们丝毫不会感激你，还会变得更加别扭。不必协助他们，任其自然。他们处理这类事，缩手缩脚像个害怕被火烫的人，不敢对其本义有任何不同看法和深化。稍加触动，他们就掌握不住。不管它多么强和美，他们就是把它留给你了。这是些优良的武器，但是没有好好装配。这类的事我见过的还少么！

如果你对他们的话加以阐明和确认，他们立即把你演绎中的精彩部分据为己有："这就是我要说的，那恰是我的理念；我若没有表达清楚，那只是词不达意。"瞎吹！对付这种自负的愚蠢要耍点儿心眼。赫格西亚斯的信条是不要恨、不要责怪，但要教育，这话用在别处是有道理的，但是在这里去帮助和纠正一个对此毫不在乎、还一无是处的人，那就不公正和不人道了。我喜欢让他们在泥淖里陷得更深，这样还有可能最后幡然醒悟。

愚蠢与神志昏乱绝不是提醒一声就能改正的。至于如何弥补正好可以用上居鲁士的那句话，有人在开战时刻要求居鲁士去激励他的士兵，他回答说："不会因为在战场上听了一次慷慨激昂的动员令就变得勇敢杀敌，就像不会听了一首美妙的曲子立即成了音乐家。"这是必须及早进行长期不懈的训练才能学成的功夫。

坚持反省与培育，这样的工作只有依靠自己的家庭。但是逢人说教，看到谁冥顽不灵就好为人师，这种事我是绝对不做的。即使与人讨论时我也很少这样做，说什么也不会去加入这种落后的学究式教育方式。我的脾性不适合对初学者讲话和写文章。但是对于在众人面前或者相互之间在说的话题，不论我认为多么虚伪与荒谬，也决不会插话和示意而加以阻拦。总之，令我愤懑的莫过于没有任何理由就喜不自胜的蠢人。

明白事理使你无法自满和自豪，还总是使你不高兴和战战兢兢，而顽固与鲁莽的人则喜气洋洋，充满信心；这是很不幸的。那些最笨拙的人挺着肩膀傲视别人，从战场回来风光十足。更有甚者，这种夸大其词的语言和脸上洋溢的喜悦，在群众的眼里赢得了胜利，群众一般不善于明辨是非，不知道什么是真正的优势。顽固与看法过激都是最可靠的愚蠢证明。有什么比得上驴子那么肯定、坚决、傲慢、若有所思、凝重、严肃呢？

我们可不可以不把朋友之间轻松愉快打趣时所说的尖刻机智的妙

语，包括在讨论与交谈之中？我的快乐天性就适合这样说说笑笑。这虽没有我刚才提到的那种说话高尚严肃，在敏锐与风趣方面并不稍逊，依然有益于人，就像对利库尔戈斯那样。

就我来说，我带来的是氛围自由多于隽智，语言恰当多于创意，但是我忍受能力无懈可击，因为经得住反击，不论尖刻还是不讲道理的话，听了都不会心烦。针对他人对我的进攻，我若仓促间不能马上予以还击，也不会随随便便顺着他的话锋，进行有气无力、烦闷的争论，显得顽固不化，我不会纠缠不清，高高兴兴认输，时机来时再作道理。天下没有只赚不亏的生意人。

大多数人理屈词穷时，都会变脸和拔高声音，恼羞成怒，不但不能报复，反而暴露自己的弱点与急躁。趁着兴致好的时候，我们偶尔揶揄自己的缺点，拨动几根秘密的心弦，对彼此的缺陷可以好意暗示一下，这类事在敛容正色时谈到不免有点冒失。

还有其他动手动脚的游戏，粗鲁无礼，在法国人之间才有，使我恨之入骨。对于这类事我这人特别敏感与软弱。我一生中已知道有两位王室血统的亲王死于非命[11]。比武中真打是很丑恶的。

此外，我要评判别人时，我问他对自己有多少满足，对他的谈吐与工作又有多少喜欢的。我不想提到这样美丽的借口："那是我做着玩玩的；

活儿才干一半就撂下了砧板。

——奥维德

我呆了没一个钟点；以后也再没看过。”那时我会说：“那么把这些文章暂先放下。给我举出一篇文章可以代表你的整体，你也喜欢人家用这篇文章来评论你。”然后又说：“你觉得你这部作品里什么地方最美？这段还是那段？是文字优美，还是内容扎实？是有新意，还是见解独到，还是学识丰富？”

因为我一般总发现对自己的作品也像对人家的作品同样缺乏判断力；不但掺有个人感情，而且还不具备认识与辨别的能力。作品依靠自身的力量与机缘，帮助作者超越自己的创意与认识，也能走在作者前面。而我评论人家的作品价值不比评论自己的作品价值更少糊涂；我把《随笔集》看得时而低，时而高，既不稳定，也狐疑重重。

有很多书由于其主题而成为有用的书，而作者本人并不见推重，有些好书像好工程反叫作者蒙受耻辱。我以后会写我的宴庆和服装，但很不乐意；我也会发表当代诏书，流入民间的亲王信札；我给一部好书做节写（对好书的任何节写都是愚蠢的节写），这样的书以后会消失，诸如此类的事也是这样。后代就从这类文章中汲取奇特的用途。对我除了好运以外犹有什么光荣呢？大部分名著都是这个遭遇。

几年前我阅读菲列普·德·科明，他当然是位非常优秀的作家，我觉得下面这句话说得不俗：服侍主人千万别太殷勤，免得他不知道如何赏赐你。我应该称赞有新意，不是称赞他本人。不久前我在塔西佗的作品里又读到这样的意思：

> 看来能够偿还的好事令人愉快，若超出这个限度很多，我们不

但不感激，还会以冤报德。

塞涅卡说得更激烈：

因以不报答而感羞耻的人，愿意再也见不着那个要报答的人。

西塞罗则婉转温和：

觉得自己无法报答你的人，怎么也不愿意做你的朋友。

根据书的主题，可以看出作者是个有学问和博闻强记的人。但是要评论他身上哪些是他自己最有价值的部分，他的心灵的力量与美，那就需要了解什么是他的，什么不是他的，不属于他的部分里考虑到他的选材、布局、表现和语言，有多少是他的功劳。为什么？因为借用材料而加以糟蹋，这样的事比比皆是。

我们这些人读书不够，就会处于这类的困境，在一位新诗人身上发现美妙的创意，在一位传道师口里听到有力的论据，只有向某位学者请教这是他本人的创意还是人云亦云以后才敢赞扬。在这以前我决不会贸然表态的。

我不久前一次读完了塔西佗的《历史》一书（我已不常有这样的事，二十年来还没有一口气读上一小时的书），我是听了一位贵族的推荐才这样做的，他本人以勇敢以及一贯的处事能力与善意，很受法国人器重，这也表现在他的几位兄弟身上。[12]我不知道还有哪位作者会像塔西佗在《编年史》中，那么重视个人生活描述和个人见解。我觉得这与他看到的东西是相反的。他专注于同时代帝王的宫阙生活，这些生活穷奢极侈，绚丽多彩，以及他们残酷迫害臣民的一些人所共知的大事，他有丰富的资料，若要写的话会写得比各国大战与人间骚乱更为惊心动魄。然而我发现他文思干枯，对于那些壮烈的死亡只是一笔掠过，仿佛害怕内容重复冗长会叫我们生厌似的。

这类历史描述其实是最有用的。国家大事更多取决于命运的指引，而个人私事取决于我们自己的指引。更可说是评历史而不是写历史，里面教诲多于故事。这不是一部供阅读的书，是一部供研究与学习的书。到处是警句，其中有对的也有错的。这是一部伦理与政治理念大全，可作为操纵世界大势者的案头书目。他遵循他那个时代的矫饰文笔，措辞尖锐，振振有辞地进行申辩。

那些人喜欢慷慨激昂，当事情平淡无奇时，他们也会借用这部书里的文章。塔西佗文风跟塞涅卡很相似，我觉得他更厚实，塞涅卡更尖锐。他的书更有益于一个战乱频仍的病态国家，就像我们目前的处境。你还可以屡次三番说他描述的就是我们，他针砭的就是我们。

对他的真诚表示怀疑的人却正好说明自己对他抱有偏见。他的意见是正确的，在罗马事务中站在正义的一方。然而我责怪他的是他对庞培[13]的评价要比对庞培同时代生活与来往的正直人更为激烈，认为庞培跟马略[14]与苏拉[15]是一丘之貉，除了他更加不露声色。庞培掌握政权不排除怀有野心与报复心，他的朋友甚至害怕他一旦胜利会失去理智的控制，虽还不至于像其他两位那样胡作非为。然而他的一生中并没有事例让我们感到威胁，认为他会明目张胆地实施残酷的暴政。

还有不应该用怀疑来代替事实，从而这使我难以信服。他的叙述朴实而平直，恰从这件事也可以证明事实并不总是确切符合他所下的结论；他的判断经常不顾他自己向我们提出的史实，而根据他的个人倾向作出。至于史实他倒不会篡改一点的。他无须为自己赞成当时的宗教、否定真正的宗教而道歉，这是遵照法律规定而做的。这不是他的缺点，而是他的不幸。

我重点研究他的评论部分，并不是什么都弄得明白的。比如提比略[16]年老体弱时写给元老院的信中这几句话："诸位大人，当此时刻我给你们写什么，或者怎么给你们写，或者该不该给你们写呢？我若知道这件事，但愿男女诸神让我死得比我每天感觉在死的还惨。"我看不出他为什么那么肯定这些话用在折磨着提比略良心的无尽悔恨上。至少我念到这个章节时还看不出其所以然来。

还有一件事我也觉得有点儿委屈他，当他必须说出自己在罗马担任过高官职位，他接着抱歉他这样说绝不是卖弄。这种做法我觉得对他这样的人物显得猥琐。不敢坦然谈论自己是因为有了某种心病。具有光明磊落判断力的人，判断事件明察秋毫，在任何时候都可以援用自己和他人的例子，给自己就像给第三者一样坦然作证。

世俗的礼仪规则应该突破，有利于真理与自由。我不但敢于说自己，还敢于只说自己。我在写其他事时会离题跑辙。我没有自爱到了不知分寸的程度，也不会自恋到了看自己不像看邻居与树木那样清楚。这样的错误犹如看不到自己有多少分量，不亚于说的总比人家看到的多。我们欠上帝的爱比欠自己的爱多。我们对上帝知道不多，若要多，我们就必须多谈。

塔西佗的作品还是说出了他的一些情况,这是一位大人物,正直勇敢,他的德操不是基于迷信,而是基于哲学与旷达。他的某些史料使人觉得可以商榷。比如说一名士兵抱了一根木架,双手冻僵粘在木架上,从手臂断落以后直到坏死为止一直没有脱开。在这类事情上,我习惯屈服于那么大证人的权威。

他还说韦斯巴芗[17]皇帝得到萨拉匹斯神[18]的神力,在亚历山大城用他的口水治愈了一个盲妇的眼疾,还有什么其他我不知道的神迹,他遵循一切优秀历史学家的例子与职责这样写。他们记录重大事件;社会大事中间也夹杂民间的流言蜚语。他们的任务是复述而不是调整大众信仰。后一部分工作是由神学家和指导良心的哲学家做的。

可是,他的一位同道,跟他一样的大人物,说得非常聪明:

> 事实上,我追述的事比我相信的事多,因为我既无法肯定我怀疑的事,也不能删除传统教给我的事。
>
> ——昆图斯·库提乌斯·卢弗[19]

另一位又说:

> 世上有些事情不必费心去肯定或否定……人云亦云就是了。
>
> ——李维

在这个神迹信仰愈来愈淡薄的时代,他写作时还是愿意在他的编年史上不遗漏这些记载,不让自古以来备受那么多善良人尊敬的事情失去立足之地。

这话说得太好了。让他们更多根据他们接受的史料而不是根据他们取舍的史料来保存历史。我写的材料我做主，不需要听命于他人，但并不相信自己写的全是真的。我经常也会写上内心冒出的几句赌气话——我自己也表怀疑；还说几句俏皮话——我自己听了也摇耳朵。但是我让它们去闯天下。我看到有人做这样的事得到了荣誉。这不是我一人能够评判的。我让人家看到我的站姿和卧姿，我的前身和后身，我的右侧和左侧，我的一切天然习惯。各人的精神即使在力量上一样，在使用与情趣上也不尽相同。

以上是根据我的记忆所提供的大致情况，颇不确定。一切迂阔的评论都是疏漏和不严密的。

注释

[1] 大加图（公元前 234—前 149），古罗马执政官（前 195）、历史学家和作家。

[2] 安提西尼（约公元前 435—前 370），古希腊哲学家。犬儒派创始人。

[3] 欧提德莫斯，与古希腊哲学家苏格拉底进行“什么是正直”的对话的一个青年。

[4] 德谟克利特（约公元前 460—前 370），古希腊哲学家。原子论创立者。

[5] 亚西比得（约公元前 450—前 404），古希腊雅典将军。苏格拉底的弟子和朋友。

[6] 指希腊哲学家赫拉克利特。常与德谟克利特并提，因一见世事荒谬而哭，一见世事荒谬而笑。——译者注

[7] 希腊七贤中无其人，不知这里何指。——译者注

[8] 伊拉斯谟（约 1469—1536），文艺复兴时期尼德兰（今荷兰）人文主义思想家、语言学家和教育家。

[9] 克洛迪安（约 370—约 440），古罗马诗人。

[10] 修昔底德(约公元前 460—前 400),古希腊历史学家。

[11] 指亨利二世国王 1559 年在比武中,恩格希姆公爵 1546 年在打赌中死亡。——译者注

[12] 指蒙田的朋友,特朗一家三兄弟,在同一天内惨遭死亡。——译者注

[13] 庞培(公元前 106—前 48),古罗马统帅和政治家。

[14] 马略(公元前 157—前 86),古罗马统帅和政治家。

[15] 苏拉(公元前 138—前 78),古罗马统帅,独裁者。

[16] 提比略(公元前 42—公元 37),罗马皇帝(14—37 在位)。

[17] 韦斯巴芗(9—76),罗马皇帝(69—79 在位)。

[18] 萨拉匹斯神,埃及、希腊宗教所信奉的神。本来是冥神,后来被奉为太阳神,据说能医治疾病和保证丰收。

[19] 昆图斯·库提乌斯·卢弗(公元前 1 世纪),罗马历史学家。

论父子情

致德·埃斯蒂萨克夫人

夫人，若不是遇上新奇的事(事情也往往因其新奇而有了价值)，我不会轻易放下手中这件愚蠢的工作[1]。但是这件工作那么奇异，又与惯常的做法迥然不同，我就乐此不疲了。

几年来我陷入了因孤独压抑而形成的一种忧郁情绪，这种情绪跟我的天性是非常敌对的；首先在我心中滋生写作的欲望。然而，实在缺乏题材，我就把自己作为论辩的对象和文章的主题。这样一部书在体裁上独树一帜，表现上也不免惊世骇俗。这部作品会因新异而引人注目；因为这样一个主题如此不着边际，琐碎，世界上最高明的巧手也无法缀合成文，值得大家一读。

于是，夫人，为了生动地描绘自己，若不提到我对您的品德所抱的敬意，我就忘了生活中的重要一面。我愿意在本文开头就这样做，因为在您的许多美德中，您对孩子的爱心尤其突出。您的丈夫德·埃斯蒂萨克先生使您早年守寡；像您这样地位的法国贵夫人，自有许多豪门望族来提亲；您守身如玉毫不动心，多年来含辛茹苦，在法国四处奔波照料孩子，至今还难以脱身。由于您的谨慎或者说福分，生活中一切顺利；知道上述这些事的人，必然会像我这样说，我们这个时代的母爱楷模非夫人莫属。

我要赞美上帝，夫人，您的母爱得到了那么好的报应；因为令郎德·埃斯蒂萨克先生显出前途无量，完全可以保证当他成年之后，您会得到一个杰出的儿子的服从和感激。但是，目前他尚年幼，还不能体会您对他无微不至的关怀。当我无力和无言向他陈述这一切时，这篇文章总有一天会落入他的手中，我愿意他从我这里得到这份真实的见证；若蒙上帝眷顾，会在他的心中引起更大的激情。法国还没有一位贵族像他那么得益于母亲的教诲，他今后除了以自身的善良和品德以外，也无法对您表示更深切的眷念。

如果有什么真正的自然规律，也就是说普遍和永久存在于动物和人中间的某种本能(这点不是没有争议的)，以我的看法来说，每个动物在自我保护和逃避危险的意识以后，接下来的感情便是对自己后代的关心。这仿佛是大自然为人间万物繁衍和延续对我们所作的嘱咐。若回头来看，孩子对父辈的爱不是那么深也就不奇怪了。

此外，还有一种是亚里士多德的看法，那就是真心相待的人，付出的爱总比得到的爱要多；赐惠的人总比受惠的人爱得深；作品若有灵性的话，也不会爱作者胜过作者爱作品。尤其我们都很珍惜自身，自身又是行动与工作组成的；由此每个人多少存在于自己的作品中。赐惠的人完成了一件美好和诚实的工作，而受惠的人只是得益而已。得益远远不及诚实可爱。诚实是稳定的，长存的，做事诚实的人心里永远感到满足。得益很容易消失；留下的回忆也不是新鲜和温柔的。愈需要我们付出代价的东西，对我们来说愈亲切；赐惠要比受惠难。

既然上帝赐给我们理智，为了我们不像动物那样盲目接受一般规律的束缚，而是以自由意志和判断力去适应情况，我们应该向自然的权威作出让步，但是不是听任自己受自然专横的摆布。唯有理智才可以指导我们的天性。

我本人对于不经过理性判断而在内心产生的这些意向，表示格外的淡漠。因为，在我所谈的那个问题上，有人抱着初生婴儿充满热情，而我对这个心灵既没有活动、形体还未定型也就谈不上可爱的小东西，决不会产生感情。我也不乐意有人在我面前给他们喂奶。随着我们对他们有了认识，才会有一种真正的合宜的感情产生和发展；他们若值得爱，天性和理智相互推进，那时才会以一种真正的父爱爱他们。他们若不值得爱，尽管有天性我们还是以理智作为准则。

经常，事情是逆向而行的；我们对孩了的喧闹、游戏和稚拙，仍然较之于他们长大后循规蹈矩的行为更感兴趣，仿佛我们爱他们只是把他们当作消遣，当作小猴，而不是当作人。有的父亲在他们童年时不惜花钱买玩具，对他们成长后所需的费用却很吝啬。甚至可以这么说，当我们即将离开尘世的时候，看到他们成家立业享受人生会产生一种妒意，使我们对他们锱铢必较。他们跟在我们后面，好像催促我们让道，我们会感到生气。因为，说实在的，他们能够存在和生活，会损及我们的存在和生活，这是无可奈何的事物规律；如果对此害怕，那就不应该当父亲。

我自己则认为，当他们有能力时不让他们分享和过问我们的财富，掌管我们的家务，这都是残酷和不公正的，既然我们养育他们是为了他们很好生活，而又无须节衣缩食去满足他们的需要。

一个年迈衰老、奄奄一息的父亲，坐在火炉旁独自享受足够好几个孩子培育之用的财产；而孩子苦于经济拮据而虚度青春年华，无法为大众服务又不能阅历人生，这是很不公正的。因此，他们陷入绝望，通过各种方法——即使是不公正的——也要满足自己的需要。我就见过许多好人家出身的青年，偷窃成性，任何惩罚都无法挽救他们。我认识一名青年，还跟我沾亲带故，我应他的兄弟——一位非常正直自尊的贵族——的要求为此跟他谈过一次。他向我坦承他走上这条邪路，完全是父亲的刻板和吝啬，但是他已深陷其中不能自拔，那时，他跟其他人一起在早晨访问一位贵夫人，偷窃她的指环时被人逮住。

这使我想起另一位贵族的故事。他青年时代沉溺于做这个不光彩的行当；日后他有了家产，决定洗心革面，然而，每当他经过一家商店，里面有他需要的东西，他就是控制不住自己行窃的欲望，宁可以后派人再去付钱。我也认识好几个积习难返的人，平时甚至偷同伴的东西，然后又去归还原主。

我是加斯科涅人，对这一种恶习也最不能理解。我在感情上感到厌恶，要多于从理智上去谴责；只是我从来没想过从谁那儿去偷东西。说真的，这个地区比法国其他地区更加斥责偷窃行为；可是我们现时好几次看到其他乡镇的良家子弟犯下可怕的偷窃罪落入了法网。我觉得这类不轨行为中，父亲的恶习难辞其咎。

如果有人对我说，有一天一位明白事理的贵族守着自己的财产，不是为了别的，仅仅以此让儿辈尊重他和对他有所求；当岁月剥夺了他的其他一切力量时，这是他唯一掌握的手段让自己在家庭内保持威严，不遭人唾弃（其实，亚里士多德说过，不但是老年，一切方面的软弱，都会使人吝啬）。这确是一个问题；但是这也是一种药，治疗一种我们必须避免的病痛。

一个父亲只是因为孩子对他有所求而爱他——若这也称为爱的话——也是够惨的了。

应该以自己的美德、乐天知命、慈爱和善而受人尊敬。贵重物质成了灰也有其价值，德高者的遗骸我们一向对之敬重异常。一个人一生光明磊落，到了晚年也不会成为真正的老朽，他依然受到尊敬，尤其受到他的儿辈的尊敬，要他们的内心不忘责任，只有通过理智来教导，而不是以物质相诱惑，也不能以粗暴相要挟。

暴力的权威比爱心的权威，
更受人尊敬，更牢固。
至少我看来是大错特错。

——泰伦提乌斯

训练一颗温柔的心灵向往荣誉和自由，我反对在教育中有任何粗暴对待。在强制行为中总有一种我说不出的奴役意味；我的看法是：不能用理智、谨慎和计谋来完成的事，也无法用强力来完成。

我是在这样的教育中长大的。他们告诉我小时候只挨过两次鞭打，都是轻轻的。我对自己的孩子也是如此；他们还在襁褓中就死去了。唯有我的女儿莱奥诺逃过这个厄运，她已六岁多，无论教育她还是惩罚她的童年错误，母亲都轻声轻气谆谆教导。当我感到失望时，总是其他许多原因失误，而不能怪罪于我的教育方法，我相信我的方法是正确和合乎天性的。

我对男孩的教育还要细致，男孩天性不易屈居人下，更加追求豪放；我喜欢他们头脑机灵，心地坦诚。我看到鞭打是产生不了效果的，不是使心灵更加孱弱便是更加冥顽不化。

……

不及早有自知之明，不感到岁月不饶人，会使身体与心灵两方面都受到极度的摧残（心灵与身体是对等的，有时心灵更占一半以上），这样的错误使世上多少伟人身败名裂。我从前见过，还熟悉一些有声望的人物，他们风华正茂年代声名远播，然而曾几何时迅速陨落。为了他们的荣誉，我多么愿意向他们进一言，文治武功已不是他们所能参与的时候，还不如及早退隐享受清福。

从前我经常出入一家贵族门第，他晚年丧偶，但是并不老态龙钟。他有好几个待嫁的女儿，一个将要踏进社会的儿子；他家有许多意外的支出和访客，他对此很少感兴趣，不但要考虑节省开支，还因年岁的关系要过一种与我们相差很大的生活。有一天，我像平常那样大胆地跟他说不妨给年轻人让位，把他的住宅（他也只有这幢房子宜于居住）留给他的儿子，自己搬到附近的庄园去安身，那儿没有人来搅乱他的休息；鉴于他的孩子的情况，不这样他无法不受大家的打扰。他后来听从我的话，一直过得很好。

这并不是说作出这样的允诺后就不可收回。现在我已垂垂老矣，让我的子女享用我的房屋和财产，但是一旦他们让我有理由反悔的话，我有这样做的自由。我让他们使用我的房屋，因为这对我已不必要，但是我对总的事务——只要我乐意——还保留一种权威；因为提携子女管理家务，在有生之年督促他们的行为，根据自身的经验提出劝告和意见，亲眼目睹他的后人如何继承家门的光荣和传统，对他们未来的作为寄予希望，这对一位老父来说是多么大的慰藉。

也有鉴于此，我不愿离开我的子女，愿意就近观察他们，根据健康的情况分享他们的欢乐和节日。我若不生活在他们中间（比如我年高多愁，疾病缠身，不可能不使大家扫兴，也影响和改变我自己的生活起居规律），至少借我的房子的一角，住在他们附近，一切不必讲究，但求实惠。不像我在前几年见到的普瓦蒂埃[2]的圣希莱尔教长，生了抑郁症感到极度孤独，我去过他的房间，他已有22年没有走出门槛一步；其实除了风湿病影响他的胃以外，行动完全自由和正常。每星期仅一次允许别人进去看他，总是把自己独自关在房里，除了一个仆人一天一次带食物给他，进来出去也从不作逗留。他的生活就是室内散步和阅读(因为他还懂得文学)，一心一意要悄悄地离开人世，不久以后的确也是这样走了。

我跟孩子有过一次温和的谈话，试图在他们心中培育一种对我坦诚的情谊——这对本性善良的人是不难做到的；当然我们这个世纪不乏凶猛的野兽，如果人成了那个样子，也只能像对待凶猛的野兽那样憎恨和避开他们。

还有一种习俗我也不敢苟同，就是不许孩子叫父亲，而用另一种奇怪的更为尊敬的称呼，仿佛这种自然的称呼不足以表示我们的权威；我们称上帝为至高无上的天父，却鄙视孩子对我们用父亲这个称呼。不许长大的孩子跟父亲怀有亲密的感情，要大人保持一种严肃高高在上的态度，以为这样可使他们敬畏服从，这也是不正确的和没有理性的。因为这简直是一场无意义的闹剧，让孩子看来自己是个讨厌的、甚至可笑的父亲。他们青春焕发，精力充沛，享有人生的机遇和赐予；对于一个心脏和血管内已没有多少热血，还摆出一副傲慢暴戾的神气，若大麻田里的稻草人，他们只会嗤之以鼻。在我能够令人敬畏的时候，我还是愿意叫人爱戴。

人到老年有那么多的缺点，又那么无能为力；他容易受人唾弃，能得到的最好的报偿是儿辈的温情和爱，颐指气使、以势压人再也不能成为武器。

我见到一个人，他在青年时代盛气凌人。当他上了年纪，虽则过得尽可能地理智，还是打人，咬人，赌咒，简直是脾气最急躁的法国大老爷；他时时处处窥探四周，非常警觉，然而这一切只是一出喜剧。他的一家串通一气瞒着他；尽管他把钥匙放在兜里，须臾不离，看得比眼睛还贵重，别人照样任意取用他的粮仓、库房、甚至钱柜里的东西，他自奉甚俭，三餐简单，可是他家的其他房间里花天酒地，吆五喝六，把他的怒气和小气作为笑柄。人人都望风防着他。如果哪个胆小怕事的仆人向他打小报告，只会引起他怀疑；这是老年人常犯的通病。他多少次在我面前夸耀他对家里人订下各种规矩，家里人对他如何顺从和尊敬；他看事情多么眼明心亮。

唯有他一人蒙在鼓里。

——泰伦提乌斯

我不认识还有谁比他有过更高的天赋和才学，善于自持，却又一蹶不振地回到了孩提时代。这说明我为什么在许多同类故事中选择这个故事作为典型来叙述。

他是否可以不致如此或者成为另外一个样，这可以作为学术研究的资料。在他的面前，什么事都依着他。没有人违背他，都让他的权威得到虚妄的满足。以为大家相信他，怕他，全心全意尊敬他。他辞退一名仆人，仆人卷了铺盖走；但只是走出他的视线而已。老人的腿脚不灵，神志不清；不会发觉那名仆人依然长期生活在大院内当差。然后时机来到，从远地方发来几封信，仆人低声下气，苦苦哀求，口口声声答应以后好好干，这样他又得到了他的宽恕。

老爷要做一件事或发一封信，凡不合别人心意的就被压住，然后编造许多理由，不是说传递出了问题，就是得不到回音。外界的信没有一封是由他先看的，他只能看到别人认为他看了无碍的信。有的信凑巧先落到他的手里，他习惯交给别人给他念，别人就随口胡编，有人在信里骂他，也说成是向他求情。到了后来他看到的有关自己的事无一不是虚假的，事前布置的；为了不引起他的烦恼和愤怒一切都叫他称心如意。

我看到许多家庭成年累月搬演这类喜剧，形式不同，效果是相似的。

……

已故的德·蒙吕克元帅有一个儿子，是一位正直、年轻有为的贵族，不幸死于马德拉岛上。元帅丧子以后向我透露，他有许多遗憾，其中最令他痛心的是他觉得从未与儿子有过内心的交流。他摆出父亲的威严，使他永远失去体会和了解儿子的心意的机会，向他表示自己对他深沉的爱和对他的品德的钦佩之情。他说："这个可怜的孩子在我脸上看到的只是皱紧眉头，充满轻蔑的表情，始终认为我既不知道爱他也不知道正确评估他的才能。我心里对他怀着这种异常的感情，我还要留着给谁去发现呢？知道了又喜欢又感激的还不是他么？而我压抑和限制自己却去摆出这张假装尊严的脸。我失去了跟他交谈、对他表示爱的乐趣，他对我也必然非常冷淡，既然他从我这里得到的只是严厉对待，感到我的态度犹如一名暴君。"

我觉得他的怨恨是有根据和有道理的。因为我从自身的经验来说，当我们失去朋友时，最大的安慰莫过于不曾忘记对他倾情相诉，跟他们有过一次推心置腹的交谈。

我对家里人开诚布公，乐意向他们说出自己的意愿，对他们以及对任何其他人的看法。我坦陈心曲唯恐落后，因为不愿意人家对我有任何误解。

在恺撒提到古代高卢的奇风异俗中，有一条是孩子不许见自己的父亲，也不敢与父亲一起出现在大庭广众，这要等到他们开始扛起武器，仿佛以此说明那个时候父亲才能亲切地跟他们来往。

……

我们太看重男性继承权，企图让自己的姓氏永留人间，未免可笑；我们也爱对天真的孩子的未来妄加猜测。无论在知识还是在体育课程方面，我当年不但在兄弟中间，也在全省少年中间，是最笨、最迟钝、最无精打采的一个，如果从而把我排斥在我的圈子以外，那就有欠公平。我们作出这些往往不准确的猜测并信以为真，据此作出事关重大的选择，这是疯狂的行为。如果我们要打破这条规则，纠正我们的继承者受命运安排的命运，首先可从外表来考虑，排斥那些重大的生理缺陷，这是永久不可改变的瑕疵，在我们这些欣赏美的人来看，也是严重有害的。

柏拉图的立法官和他的公民们有一段有趣的对话，转述如下：他们说："我们感到末日来临时，为什么不能把属于我们自己的东西遗留给我们喜欢的人呢？在我们的病榻边，在我们年老力衰时，在我们的事务中，我们的亲人曾经给过我们不同程度的帮助，我们不能根据自己的意思或多或少地分赠给他，哦，神啊，这是多么残酷！”

立法官对此作出下面的回答：“我的朋友，你们无疑将不久于人世，根据德尔斐城阿波罗神谕，你们很难了解自己，很难了解属于你们的东西。我是立法官，认为你们不属于你们，你们享有的东西也不属于你们。你们的财物和你们，不论过去与未来都是属于你们的家庭的。还可以说你们的家庭和你们的财物是属于集体的。如果阿谀奉承的人趁你们年老多病，或者趁你们自己一时热情，唆使你们不恰当地立下一份不公正的遗嘱，我会加以阻止的。但是为了城邦的公众利益和你们的家庭利益，我会订下法律，让大家合情合理地感到个人的财产应该归于集体。你们悄悄地、心甘情愿地去到人类需要你们去的地方。而由我，对事物一视同仁，尽可能从大众利益出发照应你们的遗物。”

……

只因为孩子是我们生育的，我们爱他们，把他们称为另一个自己；那么另有一样东西也是来自我们的，其重要性并不亚于孩子。这就是我们的心灵产物，它们是我们的智慧、勇气和才干孕育的，比肉体孕育的更加高尚，更可以说是我们的孩子；我们在孕育它们时既当父亲又当母亲；这些产物叫我们花更大的代价，如果是有益的话，也给我们带来更大的光荣。因为我们其他孩子的价值更多来自他们自己，而不是来自我们；我们在其中的作用是微不足道的；但是第二类孩子的一切美、典雅和价值都来自我们，因而，它们比其他的一切更能代表我们自己，使我们激动。

柏拉图还说，这是一些不朽的孩子，使他们的父亲名留青史，甚至被奉为神明，如利库尔戈斯、梭伦[3]、米诺斯[4]一样。

……

伊壁鸠鲁临终时——像他说的——深受腹泻的剧痛折磨，他聊以自慰的是他的美好学说留在人世，我们不是可以这样认为，他创作了一大批内容丰富的著作，犹如养育了一大群有教养的孩子。两者使他得到同样的满足？如果他可以选择在身后留下一个愚顽丑恶的孩子或是一部满篇胡言的坏书，他宁可选择第一桩不幸而不选择第二桩不幸，我看不但是他，就是任何这样的贤人，都会这样做的。

再举一个对圣奥古斯丁[5]大不敬的例子，如果有人向他提出要么销毁他的著作（这些书促进我们的宗教厥功甚伟），要么埋葬他的孩子（假定他有的话），恐怕他还是愿意埋葬孩子的。

我不知道我是宁可跟缪斯，还是跟妻子生一个十全十美的孩子。

以手头这部书来说，我能奉献给它的，都是不折不扣、不思图报的奉献，就像人家奉献给血缘的孩子一样。我给这部书作出的微小贡献，也不再受制于我。它可以知道许多我不再知道的事，它保留许多我已不再保留的事，我若有需要，只能像陌生人那样向它借贷。虽然我比它聪明，但是它比我丰富。

热爱诗歌的人，很少不为自己能当上《埃涅阿斯纪》[6]的父亲，比当上罗马最美少年的父亲还感到庆幸，失去这部作品会比失去最美少年还难过。因为据亚里士多德和一切艺术家的说法，最迷恋本人作品的人是诗人。

伊巴密浓达[7]自夸给后世留下了女儿，有朝一日会光宗耀祖（这里指他打败斯巴达人的两场战役中的辉煌胜利），有人说他很乐意用它们去交换全希腊最有文采的女儿；还说亚历山大和恺撒也表示过同样的心愿，宁可不要那些显赫、还是十全十美的战功，也愿意有孩子和继承者，这话叫人难以置信。我也同样怀疑菲狄亚斯[8]或哪一位杰出的雕塑家，喜爱跟自己的亲生子女交谈和相处，不亚于喜爱他按照艺术法则长时期精心制作的杰出形象。

……

注释

[1] 指《随笔集》的写作。——译者注

[2] 普瓦蒂埃，法国中西部的一个地名。其名源出最早在此定居的高卢部落。公元 4 世纪为基督教中心。

[3] 梭伦（约公元前 639—约前 559），古希腊雅典立法者。

[4] 米诺斯，宙斯之子。

[5] 圣奥古斯丁（354—430），古代基督教会思想家，教父哲学家。

[6] 维吉尔的诗篇。——译者注

[7] 伊巴密浓达（约公元前 420—前 362），古希腊底比斯的将军。

[8] 菲狄亚斯（活动时期约公元前 490—前 430），古希腊雅典雕刻家。

论懒散

正如我们看到一些闲地要是肥沃富饶，就会长满千百种无益的野草；若要加以利用就必须翻地播种，才能对我们有用。正如我们看到妇女独自就会生育一堆不成形的葡萄胎，若要培育新一代优秀人才，必须接受外来的播种。思想也是如此。如果不让思想集中在某一事物上，不加指引，无所约束，就会漫无目的地迷失在幻象的旷野中。

犹如水在铜盆里发颤，
把白日与明月反射，
空气中亮晶晶，
光芒直逼房间的吊顶。

——维吉尔

骚动中产生的无非是疯狂与空想：

如同病人的乱梦
充满颠倒的幻象

——贺拉斯

灵魂没有既定的目标，就会迷失方向；因为犹如大家所说的，到处都在也即是到处不在，

> 马克西默斯，到处居住也即无处居住。
>
> ——马提雅尔

最近我退隐在家，尽量摆脱杂务，不管闲事，躲着人安度余生。我以为最让我的精神受惠的是无所事事，养气敛情，全由自己。原本希望这样会更加轻松自在，哪里知道随着时间心境愈来愈沉重，愈颓唐。我觉得

> 无所事事会胡思乱想。
>
> ——卢卡努

它反而如脱缰之马，带给自己的烦恼，超过专心做事时一百倍；脑海中的念头怪诞不经，层出不穷，既不连贯也无头绪；为了安然观察这些想法的荒谬诡异，开始把它们记录在案，以备日后看着自感羞愧。

论撒谎

说到记忆力，没有人比我更不合适参加议论了。因为我头脑中几乎不存在一丝一毫的记忆，也不认为世界上还有谁的记忆比我更糟。我其他方面的品质也低庸平凡。但是我相信我的记忆尤为怪异，实属罕见，值得一书，让它扬名于天下。

记忆是必不可少的，柏拉图很有道理称它为有权有势的女神；我生来就有这个缺陷；此外，由于在我的家乡一个人不明事理，大家就说他没有记忆，当我埋怨说自己记忆不好时，还是遭到大家的责怪与怀疑，仿佛我在说自己是个傻瓜。他们看不出记忆与聪敏有什么区别。这更使我做人难上加难。

他们是在错怪我了。因为从经验来看事情恰恰相反，良好的记忆乐意与低能的判断为伍。他们还在下面这件事上错怪我，我这人最看重友谊，因此用这样的话来责怪我的毛病，这就是说我不讲交情了。因为我记忆不好而说成了热情不够，这就把一个天生的缺陷当作一个良心的缺陷了。他们说，他早把这件请托的事或承诺的事忘了。他从来不会想到朋友。他从来想不起帮我个忙去说什么，去做什么或者隐瞒什么的。确实我这人很容易忘事，但是对于朋友托我办的事，我不会忽略的。但愿大家容忍我的缺陷，不要认为这是狡猾，狡猾跟我的天性是相互抵触的。

我还是有所安慰。从这个缺陷我悟出个道理去改正很容易在我身上产生的更大缺陷：那就是“抱负”。对于不得不跟外界打交道的人，记忆差是一种不可容忍的缺点。自然界进化法则中也有许多例子说明，随着记忆力的衰退，身上其他的机能会得到加强；我若依靠记忆的好处，就会记住其他人的创造与意见，自己思想与判断力也会跟随别人的足迹而人云亦云，毫无活力，像大家一样，不思自身努力；我说话也更加少，因为记忆库比创意库明显丰富；如果记忆长期不衰退，我会喋喋不休说得朋友两耳欲聋，闲谈又可增强词藻修饰的功能，说得更加慷慨激昂，精彩动人。

这真是无可奈何的事，我曾在好朋友身边进行观察。他们的记忆好得可把事情完完整整说出来，从开天辟地开始，无关紧要的情境一个不漏，虽然故事不错，也可讲得精彩，要是故事不好，要怪的是他们记忆好，还是他们判断差。一旦人家开了口，那就很难叫他结束或中断讲话。最佳观察马力的办法，莫过于看它能不能漂亮地收住脚步。我还看见有的人说话很有分寸，他们就是愿意也不能够刹住话头。他们寻找机会要把话说完时，还是废话说个不停，拖拖沓沓像个体力不支要跌倒的人。尤其是老人更为可怕，往事的回忆抹不去，啰啰嗦嗦说了几遍又记不得，我就见过有的故事很有趣，在一位领主嘴里变得很讨厌，只因他身边的人被灌了不下一百遍。

第二个原因，像那位古人说的，也可以少记起受过的侮辱。不然我要像波斯国王大流士那样举行一种仪式，为了不忘记他被俘时受雅典人的侮辱，叫一名宫廷侍从每次在他上桌以后，到他的耳边唱上三遍："陛下毋忘雅典人。"而今我故地重游，旧书重读，始终让我有一种新鲜感。

有人说谁觉得自己记忆不够好，那就不要去撒谎，这话不是没有道理的。我知道语法学家对"说的不是真话"与"说谎"是有区别的；还说"说的不是真话"指说的是一件假事，但说的人把它当作了真事；而"说谎"这个词的定义在拉丁语（法语源自拉丁语）中，还含有"违背良心"的意思，因而只是指"说话违背自己所知之事的人"，我说的是这样的人。所以这里谈到的人是那些编造部分或全部故事的人；或者隐瞒和歪曲真相的人。当他们隐瞒和歪曲什么时，那就让他们把同样的事说上几遍，这样不露出马脚是很难的，因为事实先入为主留在了记忆里，通过意识与认知在脑海中留下印记；而假事在脑海中是留不住的。当你每次要重复一桩事时，当初得知的真情在脑海中不断地流过，很难不把那些伪造、虚假或硬凑的事逐渐冲刷掉。

至于彻头彻尾编造的故事，尤其因为不存在反证来揭穿事情的虚假，他们以为有恃无恐，不怕胡说八道。然而也因为如此，内容既空泛，又不着边际，若记忆不是很牢靠，太容易把它忘了。

我经常见到这样的事，有意思的是吃亏的总是那些以花言巧语为常事的人，他们说话随机应变，时而要做成在谈判的生意，时而要取悦在说话的大人物。他们让自己的信仰与良心服务于千变万化的情境，语言也时时不同；同一件东西，他们可以一会儿说黑，一会儿又说白；人前人后两面三刀；把这些人相互矛盾的说法加以比较，这类花招又会怎样呢？且不说他们经常陷入混乱；他们自己在同一件事上编造了那么多不同的情节，要有怎么样的记忆才能记住它们？我看到现时有许多人羡慕这种小心谨慎的声誉，他们不会认为是徒有虚名。

说谎确是一个令人痛恨的恶习。我们只是有了语言才成了人，相互维系不散。如果对说谎的可恶可怕有所认识，就要对它比对其他罪行更加猛烈遣责。我觉得我们平时对小孩无所谓的错误随意给予很不适当的惩罚，对他们并不造成后果的一时鲁莽横加折磨。说谎本身，稍轻一些的还有顽固，我觉得这些事都必须随时防止其产生与发展。这些缺点会跟着他们成长。一旦说话不诚实，革除这个习惯就会难得出奇。因此我们看到一些正直人也会积习难改。我的一名青年裁缝，人还不错，就是我从没听见他说过一句真话，即使对他有好处的真话也不说。

假若谎言跟真理一样，只有一张面孔，我们的关系就会好处理多了。因为我们就可把与谎言相对立的话看成是正面的。但是真理的反面有千万张面孔和无限的范围。

毕达哥拉斯派说善是确定的和有限的，而恶是不确定的和无限的。

走到目标的道路只有一条，走不到目标的道路有千条。但是依靠厚颜无耻和信誓旦旦的谎言，即使会躲过一场明显的大灾难，我也不敢保证自己会说得出来。

从前一位神父说，跟一条熟悉的狗也比跟一个语言不通的人在一起好。

> 陌生人不被别人当作人。
>
> ——普林尼

假话远比沉默更难与人交往。

弗朗索瓦一世夸口说自己用戳穿的方法把弗朗西斯克·塔韦纳逼得走投无路。塔韦纳是米兰公爵弗朗塞斯可·斯福扎的大使，能言善辩，他受主子的派遣，就是为一件后果严重的过失来向国王赔礼道歉的。事情经过如下。

弗朗索瓦一世不久前被逐出意大利，但是为了从意大利，甚至从米兰公国获取秘密情报，建议在公爵身边安置一名贵人，其实是大使，但是表面上保持私人身份，装得留下来办理个人事务；此外，米兰公爵有许多事依赖查理五世皇帝，尤其因为他正欲与皇帝的侄女、丹麦王的女儿洛林公爵女继承人订立婚约；因此被人发现跟我们还有勾结来往，就要遭受极大的利益损害。有一名米兰贵族最适宜完成这项任务，那就是国王的御厩总管梅维伊。此人带着大使的秘密国书、指示、其他给公爵的推荐信，以便掩护和伪装他的特殊使命。但是他在公爵身边日子太久，引起了皇帝不满；接着发生的事我们认为一定与此有关。

公爵制造暗杀的假象，派人深夜去砍了他的头颅，案件只两天就予以了结。因为弗朗索瓦国王已向全体基督教国家的亲王和公爵本人发函询问缘由，弗朗西斯克·塔韦纳早已准备了一篇捏造事实、强词夺理的长报告。

他在一天早晨参加觐见，说明他对事件看法的根据，为此目的举出许多表面上合情合理的事实，说他的主子向来把这位贵族看作是以私人身份到米兰，像其他臣民来办自己的私事的，他在生活中也从未用过其他身份，甚至否认以前知道他为法国王室服务，国王也认识他，更不用说把他当大使了。国王说话时，提出各种不同的异议和要求，设下圈套，最终逼着他说出那天夜里是偷着干那件事的。那个可怜人这下子难住了，只得如实回答说公爵出于对国王的敬意，不敢贸然在光天化日下把他处决。我们大家可以想象，在弗朗索瓦一世这么精明的人面前，他说话矛盾百出，如何感到无地自容了。

朱利乌斯二世教皇，给英格兰国王派了一名大使，鼓动他反对弗朗索瓦一世[1]。大使把他的使命陈述完毕，英格兰国王在答辞中强调，要对付这么强大的一个国王，做好必要的备战工作是有困难的，他还列举了几条理由，大使却不适当地回答说他也曾想到这些问题，并对教皇陈述过。

大使原来的建议是策动英格兰国王立即投入战争，而今这话又离此相去甚远；英格兰国王从事后的发现去对照这套论点，不由怀疑这位大使私心倾向法国。教皇得到密报后，大使的财产全部充公，还险些丧了性命。

注释

[1] 根据“七星文库”《蒙田全集》注解，应为路易十二。——译者注

论荣誉

世上有名就有物。名者，指出和称呼物的一个声音；名者，不是物和实质的一部分，而且依附于物、存在于物之外的一件异品。

上帝本身是圆满与完美的极，从其内部已不可能再增再长。但是我们对他的显像表示感恩与颂扬所用的名是可以再增再长的。既然他的内部积满了善，任何的称颂我们都无法增之于内部，我们就归之于他的名下，名是他身外最接近的东西。因此这说明为什么光荣与荣耀都只属于上帝。违情悖理的是我们竟为自己苦苦追求光荣与荣耀。因为我们的内部贫乏空虚，我们的本质很不完善，需要不断改进，这才是我们必须去做的事。

我们都很空虚疏浅，这不是用妄言妄语可以填补的；我们应该用更实在的东西修身养性。饿汉不去弄一顿好餐而追求一件美衣，不免头脑过于简单，人必须首先解决当务之急。就像我们日常祈祷说的：

在至高之处荣耀归于神，在地上平安归于他所喜悦的人。

——《新约·路加福音》

我们匮乏的是美、健康、智慧、美德等这类基本的组成部分，只有获得必要之物以后才去寻求外部的装饰。神学全面和更中肯地论述这个课题，而我对此并不精通。

克里西波斯和第欧根尼是最早最坚决蔑视荣誉的作家。他们说所有乐事中最危险、最应该躲之唯恐不及的就是别人的赞扬。确实，经验已经告诉过我们不少损失重大的背叛行为。对君王毒害最深的莫过于阿谀奉承，坏人也最容易以阿谀奉承获得周围人的信任。用好话来哄骗和取悦女人，诱使她们失去贞节，最有效与普遍的做法也是曲意逢迎。

塞壬水妖为了诱惑尤利西斯，使用这样的伎俩是她们的第一招，

> 来吧，朝我们来吧，至尊的尤利西斯，
> 全希腊引以为荣的大英雄。
>
> ——荷马《奥德赛》

这些哲学家说，人间的全部荣誉都不值有识之士动一动手指去拾取：

> 荣誉即使再大，还不就是荣誉而已？
>
> ——朱维纳利斯

我仅以荣誉本身来说的。然而，荣誉以后经常带来许多好处，这就使荣誉成为令人想望的东西了。它给我们带来好意，它使我们较少受到别人的辱骂与冒犯，诸如此类的事。

这也是伊壁鸠鲁的主要信条；因为他的学派的格言：闭门过日子，

不去担任公职和让公务缠身，从而也会漠视荣誉，因为荣誉是大家对于我们公开活动所作的一种赞扬。那个人敦促我们深居简出，只管自身的事，不但不要我们引人注目，更不要我们接受别人的荣誉与赞扬。因而他劝诫伊多梅纽斯，不要以大家的意见或名望来决定自己的行动，但是也要注意看不起别人会引起意外的麻烦。

这些看法依我看来极为正确，很有道理。我不知怎么，认为我们都是有两重性的人，这使得我们不相信我们相信的东西，不能摆脱我们谴责的事。且听伊壁鸠鲁临终前说的最后几句话，光明磊落，的确不愧出自他这样的哲学家之口，但是语气中还是含有他以自己的名义对别人的嘱咐，在他的格言中劝阻时抱有的情绪。以下是他咽气前不久口述的一封信：

> 伊壁鸠鲁向赫耳玛库斯致意
>
> 在我度过这一生中最幸福也是最后一天的时际，写下这封信，膀胱与小腹一直感到无比的疼痛。但是想到我的著作与演说给我的心灵带来的愉悦，也使我的痛苦得到了补偿。由于你从幼时起便对我个人和哲学百般爱护，请你对梅特罗道吕斯[1]的这些学子也不吝眷顾。

这是他的信。这使我看出他说的著作带给他的心灵的愉悦，其实是涉及他期望身后留下的名声，这是他的遗嘱安排；通过遗嘱希望他的学术继承人阿弥诺马库斯和提摩克拉特斯，支付每年一月他的诞辰纪念日上赫耳玛库斯提出的款项，还有每月第二十天他的哲学家朋友集会纪念他和梅特罗道吕斯时所需的费用。

卡涅阿德斯是持反对意见的领袖，主张荣誉本身是令人想望的，但就像我们关心我们的后代一样，其实我们既不认识他们，从中也得不到任何利益。这种学说得到普遍赞同而且历久不衰，这是因为投其所好的说法最易为大家所接受。亚里士多德把荣誉列为身外第一财富："防止两个不良的极端，一味追求荣誉和一味回避荣誉。"我相信我们若有西塞罗在这方面的论述，他会给我们提出一些精彩的见解。因为这人那么热衷于名利，我相信他若敢做，他必然会走其他人所走的极端，认为美德本身令人想望，其实只是为了想望随同美德而来的荣誉而已。

闲居的懒散，

与不为人知的美德，都引不起注意。

——贺拉斯

这是一种极端错误的思想，使我感到难过的是，一位有幸被称为哲学家的人，头脑里居然钻出这样的想法。

如果这是对的，那就应该在人前做好事。心灵是美德的真正中心所在，我们不用对心灵活动进行约束与控制，除非它们必须暴露在众人面前的时候。

这样岂不是坏事可以做，但要做得巧妙与隐蔽？卡涅阿德斯说，"假定你知道有一条蛇躲在这个地方，有一个人若死去可以让你得益，他不假思索去坐在了那里，你不关照他，你就是做了一件坏事，你的行为只有你一人知道，这只会加重你的罪行。"如果不以主动做好事作为一条戒律,如果不被惩罚就是合法,那我们每天会听任自己去干出多少坏事来!

C.普罗提乌斯在唯有当事人知道的情况下把自己的财产托付给了S.佩杜索斯,事后佩杜索斯如数归还——这类事我做过不止一次——不是那么值得赞扬。而不归还则是真正的可恶。

我还觉得今天重新提起P.塞克斯提利乌斯·鲁弗斯的例子,还是有所裨益的。西塞罗指责他昧了天良侵占一份遗产,其实这不但没有违背法律,还符合法律的要求呢!

M.克拉苏[2]和Q.霍尔坦修斯[3]两人有权有势,一个外人根据一份伪造的遗嘱请他们参加继承,分得若干财产,而那人也可因此得到他的一份。他们两人很满意自己不曾参加伪造,但是可以获得一笔横财,由于隐蔽得法,也不会面对原告、证人和法律的控告。

> 让他们记得他们有上帝为证,也就是(以我的理解来看)他们自己的良心为证。
>
> ——西塞罗

为了光荣而实施美德,美德也就成了十分无聊低俗的事。我们应该毫无功利目的地去实施美德,赋予它特殊地位,不与命途沾边。因为还有什么比名声更多偶然性呢?

> 是的,命运的权势遍及一切,它使一部分人飞黄腾达,使另一部分人潦倒落泊,不是根据事实,而是根据它的随心所欲。
>
> ——萨卢斯特

要让人的行为为世人知晓与目睹，这纯然是命运之神的安排了。

世道无常，荣誉也任意给谁就是谁。我看到不少次荣誉走在才能前面，而且超过很大一段距离。第一个想到把荣誉比喻为影子的人，恰当得超出他的意料。这些实在是过眼烟云。

影子有时出现在人体前面，而且长出许多。

有人教导贵族说在英勇中寻找光荣，

> 仿佛不彰明较著的行为就不是美德。
>
> ——西塞罗

人生中自有千百次做好事而不被人注意的时机，而他们却教这些贵族在无人看见时不要贸然冒险，当有人见证时必须注意到他们会把他们的英勇行为宣扬出去，这有什么好处呢？一场大规模混战中，有多少可歌可泣的大事湮没无闻？在如此激战中，谁居然还津津有味地观察别人，这说明他手里的活儿不忙，在为战友的行为作证的同时也提供了不利于自己的证明。

> 我们天性追求的主要目标是荣誉，真正智慧高尚的人认为荣誉体现在行为上，不是在颂扬上。
>
> ——西塞罗

我自认这一生中的最大的光荣是安宁度过，这安宁的含义不是根据梅特罗道吕斯、阿凯西劳斯或亚里斯提卜，而是根据我自己定的。既然哲学没有找到对大家都有用的通往安宁的共同道路，那各人就找各人自己的道路吧！

恺撒和亚历山大无比英明伟大，除了靠命运以外还靠什么呢？多少人在人生起步时就被命运消灭，对此我们一无所知，如果他们不是遭受不幸的命运，事业刚开始不久便戛然而止，他们也会表现出跟恺撒和亚历山大同样的英雄气概！恺撒身经百战，出生入死，但是我记不起在哪部书里读到他曾有过负伤的记载。恺撒跨过许多劫难，别人遭遇再小的劫难也会死去成千上万。无数的丰功伟绩因没有见证而难见天日，难得有一桩可以获到酬赏。你不可能永远勇夺关隘或者身先士卒，像在高台上让指挥官俱都看在眼里。你会在树篱与壕沟之间被人家逮住，你对付一只鸡棚也必须碰运气；你必须把四名老弱的火枪手从粮仓里引出来；你必须独自脱离队伍，随机应变去对付局面。

如果你长着心眼，必然会凭经验看到最无人注意的时机往往最危险。在现今发生的战争中，执行轻松平常的任务时，争夺小城镇时死去的优秀人才，要多于死在轰轰烈烈的大场面上。

若不是在引人注目的场合死得众所周知，谁都认为自己死得不值，他宁可一生默默无闻，从而也漏过许多担风险的良机。所有的良机都有锦绣前程，因为各人的良心会牢牢记住。

我们所夸的，是自己的良心，见证我们……

——圣保罗[4]

谁是好人，只是因为大家认为他是好人，并且在知道后觉得他更值得器重；谁要是只为了让大家知道而去做好事，这样的人大可不必对他有多少期望。

我相信在这残冬的日子
罗兰做的事值得称颂，
但是直到今天还无人知晓，
我若一字不提也不是过错。
因为罗兰急于不停地
完成功业，而不是要到处张扬。
他的勋绩将永远湮没，
若无人亲眼看见。

——阿里奥斯托

我们应该尽义务去参加战争，盼望这样的报偿，立了大功不愁得不到。即使最不显著的，即使只是美好的想法，都会使一颗正直的心获得做好事后的满足。表现英勇是为了自己，是为了心理优势，内心感到充实有把握，抵挡命运的袭击：

美德并不因失败而受损，
它闪烁永不褪色的荣耀。
不擅权不失责，
不以别人的心意而转向。

——贺拉斯

我们的心灵并不是为了炫耀而尽自己的职责，而是为了心灵自身，这里面只有自己的一双眼睛才能窥透。心灵保护我们不怕死亡，不怕痛苦，甚至不怕羞辱；要我们忍受失去孩子、朋友和财富的痛苦；当时机到来，让我们去冒战争的危险。

不为任何利益，只为与美德密切相关的荣誉。

——西塞罗

这种益处要比光荣与荣耀更重要、更值得期望和冀盼；荣誉不是别的，只是人家对你的一种好评而已。

为了给一块土地作出判决，要在全国范围内遴选出 12 人。对人的倾向与行为作出判决，这是最难最重大的事，却把它交给大众来评议，大众是无知、不公和反复无常的缘由。让一位智者的生命取决于一群愚人的判决，这也是有道理的吗？

这些人从个别来看，俱是渣滓，结合一起却不容大家忽视，这也实在是荒谬之至。

——西塞罗

谁只思取悦他们，会一事无成；这是一个流动、无形的目标。

群众的评判比什么都难以预料。

——李维

德梅特利乌斯对民众的声音说得很有趣，他们不论从上身还是从下身发出的声音，他一律不重视。

另一位说得还要过分：

我认为，一件事原先可以并不可耻，一旦受到众人的称赞，就难免是可耻的了。

——西塞罗

思想再巧妙灵活，也无法叫我们跟着一名不按路线规则的向导乱走乱跑。谣言、小道消息、街谈巷议满天飞之际，我们不知道何去何从，又怎么能够选择一条安全可行的道路呢。我们不要给自己确定这么一个漂移不定的目标。而应该始终跟着理智走。要让群众的认可心甘情愿跟在我们后面，因为它完全取决于命运的偶然性，我们没有理由希望它走这一条路，而不是那一条路。当我选择一条笔直的路时，并不是因为它直因而近，而是我凭经验发现这综观而言毕竟是最合理有效的一条路。

诚实的事于人最有益，这是上天赐给人的礼物。

——昆体良

古代一名水手在一场暴风雨中对海神尼普顿说："神啊，你一念可以叫我活，你一念也可以叫我死；但是我始终牢牢掌握我的舵。"我一生中看到多少人圆滑，两头讨好，模棱两可，无人不说他们处世之道要比我高明得多，但都已丧生，而我还幸存下来：

我笑他们使狡计而不能得逞。

——奥维德

埃米利乌斯·波勒斯[5]前往马其顿进行其光荣的远征，告诫全体罗马人，当他不在京城时要管住自己的舌头，不要谈他的战事。说三道四是对大事业的最大干扰！尤其不是每个人都像法比乌斯[6]那样坚定，他不顾大众不同的侮辱性意见，宁可让自己的名誉受到无中生有的诋毁，也不愿敷衍职守而去获得老百姓的好评与同意。

受人赞扬有一种我说不出的天生惬意，但是我们实在过于重视。

我不怕赞扬，我也是软心肠，
但是做好事最终为了要人捧场，
让人喝彩！决不。

——柏修斯

我不太关心别人对我的看法，也不关心我对自己的看法。我要靠自己致富，不要靠借贷发财。外人只看到事物的外表。人人可以装得镇定自若，而内心惊恐万状。他们看不到我的心，他们只看到我的神态。

大家说到战争中的虚伪性是有道理的。因为对于一个讲究实际的人，内心充满恐惧时还有什么比逃避危险和装作勇猛更容易吗？寻找贪生怕死的机会不可胜数，我们可以欺骗世人一千次，然后才会去冒一次险；即使到了那时身陷困境，我们也会脸上若无其事，说几句宽心的话，掩盖真相，虽然内心颤抖不止。在柏拉图《理想国》一书内，古盖斯国王的戒指戴在手指上，把宝石转向手掌，戴的人就会隐身不见影子，许多人就会在最需要露面的场合下隐藏起来，后悔自己被置于那么荣耀的地位，不得不表现出胸有成竹的样子。

喜爱假荣誉，害怕听坏话，
谁会这样做？骗子与伪君子。

——贺拉斯

因此，只根据表面现象作出的一切判断，都极不可靠，令人生疑。最信得过的见证还是自己。

在上述这些情况中，我们要有多少手下人来成全我们的光荣呢？他在一个露天的壕沟里站得笔直，面前若没有50名一天只拿5个苏饷银的可怜工兵，为他开道，用身体掩护他，他又能有什么作为？

动乱的罗马说什么你也别听，
倾斜的天平也别去纠正，
凭你的内心作出自己的决定。

——柏修斯

我们说扩大名声，也就是让名字挂在许多人嘴上。我们要声名远播，从中得益。这也算是这个意图的最佳理由了吧。但是这种病发展到了极端，许多人就是力图让人家谈论他，不管用何种方式。特洛古斯·庞培谈到希罗斯特拉图斯，李维谈到曼利乌斯·卡庇托利努斯，都说他们更追求的是名声大，而不是名声好。这个缺点是常有的。我们一心要大家谈论自己，而不是怎样在谈论自己，让大家嘴里提到自己的名字，不论什么情况都可以。好像人出了名，他的生活与寿命都会得到其他人的保护。

而我认为我只是存在于自身之中，而出现在朋友熟人面前的这另一部分人生，必须是不加掩饰与单纯自在的。我知道我除了招来匪夷所思的妄评以外，感受不到任何教益与快乐。当我死后，这种感受只会更少。此外，若有什么好事在身后落在我的头上，我也不再有什么作为去保持名声，名声也就跟我无关痛痒了。

我也不能指望为我的姓氏增添光辉，首先我的姓氏不是我专用的。在我有一个姓和一个名，一个姓是全族使用的，因而也属于其他人。在巴黎和蒙彼利埃，都有一个家族姓蒙田。在布列塔尼和圣东日有一个家族姓德·拉·蒙田。只差一个音节就会混淆两家的纹章，从而我会分享他们的光荣，而他们则会分担我的耻辱；从前我的祖先也称埃康，这个姓又涉及英国的一门望族。至于我另一个名字，谁要用谁都可以用。因而我使之沾光的不是我自己，而是一名脚夫。再说，即使我有一个特殊的称呼，当我不在人世时又能称呼什么呢？它能使虚无的人也得到称谓与恩宠吗？

压在尸骨上的墓碑会减轻分量？
后代会称赞我。唉！即使这样，
从我幸运的亡灵、遗骸、坟墓，
就长出了紫罗兰？

——柏修斯

这事我在其他地方谈过[7]。

目前来说，在这场死伤高达一万人的战争中，提到名字的只有 15 人。这还必须是命运造成功勋卓越或者意义深远，才会使这个人，还不能是弓箭手，而要是将领，建立的功绩为人所知。杀死一人、两人或十人，不顾生死挺身而出，这对我们每个人来说确实了不起，因为这是玩命的事。但是对于世界来说，这些事平淡无奇，天天可以遇到不知有多少。所以这类事必须积累到相当数目才能产生显著的效果，这就不是

我们能够予以特殊关照的了，

这号事早已司空见惯，

人世间到处都是。

——朱维纳利斯

过去一千五百年中，法国手执武器死去的勇士不知凡几，流传至今为人所知的不满一百。不但那些将领的名字，而且战役与胜利的经过也都已湮没无闻。

半个世界以上的生存史因为缺乏记载，都留在当地，不多时消失得无影无踪。

我若掌握那些未为人知的资料，我想在任何例子里很容易用它们来替代已知的事件。

即使在罗马与希腊，有了那么多的作家与历史亲历者，那么多珍贵与高尚的功绩，其实流传至今的也还不是微乎其微的一部分！

一丝微风勉强把他们的名字吹入我们耳中。

——维吉尔

此后一百年内，有人大致记起我们这个时代在法国发生过几次内战，这已经很不错了。

斯巴达人作战前祭祀缪斯女神，为了让他们的武功能如实记录下来，认为他们的战绩若找到见证人，写得栩栩如生，流芳百世，这才是神的特殊恩赐。

我们真的以为我们每次中箭，每次冒险，身边都会冒出个史官做记录吗？即使有一百名史官把它写了出来，其议论最多存在三天，不会传到任何人的眼前。古籍传世的不到千分之一；能够存在已属幸运，至于存在时间的长短则要看天意了。我们还可存疑的是，我们手里的这些资料会不会是最不可靠的，因为我们并没有其他佐证。

历史从来不记载小事，一个人必须曾是率领军队征服一个帝国或王国的统帅，必须曾经打赢五十二次大规模战役，总是以少胜多，像恺撒一样。一万名好战士、好几位大将军都跟随他后面英勇献出生命，他们的名字只是在他们的妻儿活着的时候才有人提起，

他们埋葬在默默无闻的光荣中。

——维吉尔

即使我们亲自目睹其功绩的人，离开人世3个月或3年以后，也不见再有人会谈起，仿佛他们从来没有存在过似的。谁若能够正确评价什么样的人物、什么样的功勋才能记载在史书中流传，他就会发现在我们这个世纪很少事迹、很少人可以声称有这个权利。

我们看到有多少俊彦之士死后留名的呢？他们在生前就看到和痛心青春年代名正言顺获得的英名早早消逝。为了过上三年自我陶醉的烟云生活，我们要失去真正实在的生活，然后心甘情愿进入永远的死亡？对于这么重要的人生大事，贤人们给自己确定了一个恰如其分的美好目标。

做了好事，这就是对做好事的报偿。

——塞涅卡

服务的果实即是服务本身。

——西塞罗

一位画家或其他艺术家，甚至一位修辞学家或语法学家，他们创作是为了成名，或许还情有可原。但是做有道德的事本身就非常高尚，不能在实现它们的价值以外再索取其他的报偿，尤其在人们的妄评中寻求报偿。

不过，要是这个错误的看法有助于大家约束自己履行义务；要是世人醒悟而关注美德；要是君主看到大家怀念图拉真、唾弃尼禄而有所触动；要是这个大恶棍的名字从前叫人闻风丧胆，而今小学生一提到都可以肆无忌惮地诅咒与辱骂；这情景可以引起他们深思，那就让这个错误的看法广为传播，我们也应该竭力推波助澜。

柏拉图想方设法要让他的公民成为有道德的人，劝诫他们不要轻视老百姓的好感与口碑。他说，靠了神灵的启示，有时连恶人也知道从言辞上和思想上去正确辨别好人与坏人。这位人物和他的老师苏格拉底确是大胆巧妙的巨匠，他们在人的力量欠缺的地方无一例外地求助于神的大功与显灵；

就像任何悲剧诗人，当他们不知道如何处理剧本的结局时，就求助于神。

——西塞罗

正是为了这个理由，蒂蒙挖苦说他是最伟大的神迹创造者。

由于人自身的缺点，并不总能获得真币的酬报，于是让假币来充数。这个方法被所有的立法者采用,没有一种法制不掺杂礼节性的虚妄,欺骗性的论点,作为控制老百姓规规矩矩的紧箍咒。为了这个道理,大多数民族都有一个神奇的起源与草创阶段,充满了超自然的神秘。也由于这个道理,邪教会有人信仰,连有识之士也逐渐接受它们;这也说明,纽默和塞多留[8]为了取得臣民更好的信仰,编造这样的蠢话来糊弄人,前者说仙女爱捷丽,后者说白鹿,受神的差遣,带给他们一切该做什么的忠告。

纽默以这位仙女为庇护神,给他的法律树立权威;巴克特里亚和波斯的立法者琐罗亚斯德[9]以奥尔穆兹德神的名义给他的法律树立权威;埃及的特里梅吉斯图斯以墨丘利神[10]的名义;斯基泰王国的萨莫尔克西斯以维斯太神[11]的名义;卡尔西迪西的夏隆达以萨图恩神[12]的名义;克里特的米诺斯以朱庇特神[13]的名义;斯巴达的利库尔戈斯以阿波罗神[14]的名义;雅典的德拉古[15]和梭伦以密涅瓦神[16]的名义。所有的律法都要有一位神来牵头,这一切都是假的,只有摩西[17]逃出埃及时给犹太教徒制订的律法才是真正的律法。

正如德·儒安维尔阁下说的,贝都因人[18]的宗教中还有一条说法,他们之中谁为国王而死,他的灵魂会投身在一个更幸福、更美丽、更健壮的躯体上;为此他们更乐意以自己的生命冒险。

他们不畏刀剑,视死如归,

相信偷生才是懦夫的行为。

——卢卡努

这个信条虽虚妄，也很有益。每个民族都有不少这样的例子；但是这个题目值得专门探讨。

为了对本文开头的内容作一点补充，我也不奉劝女士们把自己的义务称作荣誉：

> 日常谈话中，所谓诚实只是指老百姓嘴里说的光荣事。
>
> ——西塞罗

她们的义务是精髓，她们的荣誉只是外壳。我也不奉劝她们在拒绝时向我们道歉，因为我并不预设她们的心愿、欲望和意志所表示的心情（这跟荣誉没有关系，尤其这一切都是不表露于外的），必须比她们的行为更加规矩。

> 她说"不，这是禁止的！"时，其实在说"可以。"
>
> ——奥维德

欲望与实施对于上帝与良心来说都是同样严重的冒犯。还有她们这些行为是隐蔽和暗地里做的；只要她们对自己的责任、自己的贞洁观念并无其他的尊重，她们很容易把其中有关荣誉的一次做得不为人知。

一切正直之士都会选择丧失荣誉而不是丧失良心。

注释

[1] 梅特罗道吕斯（约公元前330—前277），古希腊哲学家。

[2] M.克拉苏（约公元前115—前53），古罗马政治家兼商人。

[3] Q.霍尔坦修斯，古罗马著名演说家。

[4] 圣保罗（约5/15—约62/64），据《圣经》记载，原名"扫罗"，虔诚的教徒和著名

的传教士。

[5] 埃米利乌斯·波勒斯(公元前229—前160),古罗马政治家和统帅。

[6] 法比乌斯,古罗马将军。

[7] 指第一卷第四十六章《论姓名》。——译者注

[8] 塞多留(约公元前123—前72),古罗马政治家和军事将领。

[9] 琐罗亚斯德(约公元前700—前580),波斯宗教改革者。

[10] 墨丘利神,古罗马宗教所信奉的神灵,司掌商品,保佑商人。

[11] 维斯太神,古罗马宗教所信奉的女灶神。

[12] 萨图恩神,古罗马宗教所信奉的神灵,司掌播种和种子。

[13] 朱庇特神,古罗马和意大利的主神,相当于希腊的宙斯。

[14] 阿波罗神,希腊神话中具有多种职能和意义的神。

[15] 德拉古(活动时期约公元前7世纪),雅典立法者。

[16] 密涅瓦神,古罗马宗教所信奉的女神,司掌各行各业,后来又司理战争。常被人们认为与希腊女神雅典娜为一体。

[17] 摩西,《圣经》中传说率领希伯来人摆脱埃及人奴役的领袖。

[18] 贝都因人,中东沙漠,特别是阿拉伯、伊拉克、叙利亚和约旦等地讲阿拉伯语的游牧民族。

论自命不凡

此外还有一种虚荣，就是对自身评价过高。这是一种轻率的感情，使我们把自己看成另一种人。这就像恋爱的热情把钟情的对象说成花容玉貌，丽质天姿，使热恋中的人糊里糊涂，在他看来他所爱的那位总跟实际不一样，更为完美。

我并不是要一个人生怕这方面看不准，从而误解自己，贬低自己。评判应该自始至终保持不偏不倚，这说明他看待这件事也像看待其他事，以实事求是为准。如果是恺撒，那就不妨让他大胆自认为世上最伟大的统帅吧。

我们讲究的只是些礼仪，礼仪支配着我们，而我们忽视了事物的实质。我们抱住的是枝条，抛弃的是树身和躯干。我们教导女士在听到她们并不怕做的事情时要脸红；我们不敢直呼我们的器官的名称，却不怕使用它们从事各种淫乱活动。

礼仪禁止我们口头表达某些自然明白的事情，我们照着做；理智禁止我们做任何不明不白不好的事情，就没有人照着做了。在这里我就感受到礼仪条律的束缚，因为它不允许一个人说自己好，也不允许一个人说自己坏。我暂且把这事放在一边。

命运（好与坏都是这样称呼的）使某些人一生养尊处优，可以在人前以行动表明他们是怎样的人；但是命运使某些人在人群中默默无闻，他们自己不说也没有人会说起。如果他们大着胆子对有兴趣了解他们的人说起自己，那也是情有可原，可以拉丁诗人卢西里乌斯为例：

从前他对着自己的本子，
就像对着好友，倾诉他的秘密，
不论事情顺利不顺利没有其他知己：
因而他漫长的一生好似
写在还愿板上明明白白。

——贺拉斯

此人在纸上写下自己的行为与思想，怎么感觉就怎么描述。

卢西里乌斯和斯考鲁斯[1]并不因此而无人相信和少受尊敬。

——塔西佗

这使我想起，从我幼年时候起，有人发觉我身上有种我也说不清的举止动作，显露出虚妄和愚蠢的傲慢。我首先要说的是我们身上有这些特点与倾向没有什么不体面，这都是与生俱来的，根深蒂固，叫我们自己都无法感觉与认识。这些天生特性自然会在我们不知情和同意的情况下在躯体上留下痕迹。为了保持一种装腔作势的美，这使亚历山大的头颅稍稍偏斜，使亚西比得说话软绵绵含糊不清。朱利乌斯·恺撒用一根手指搔头，这是思虑重重的人的姿态；西塞罗好像有醒鼻子的习惯，这意味他有挖苦人的天性。

这些动作都会不知不觉间出现在我们身上。还有一些有意识的动作我就不在此多说了，如敬礼和屈膝礼，在大多数情况下这些被人错认为谦虚与礼让而受益。一个人可以想出风头而谦虚。我这人尤其在夏天常常行脱帽礼；不论对方是什么身份，我都予以还礼，除非是我的下人。我希望我认识的亲王要节制使用仪礼，因为过于随便后起不到效果。如果礼节用滥了，也就没有了意义。

说到失礼行为，不要忘记罗马皇帝君士坦丁二世[2]的高傲神态。他在大庭广众面前头竖得笔直，不左右转动，不上下摆动，甚至对旁边向他行礼的人也不看一眼，就是马车摇晃时也挺着身子不动，不吐痰不擤鼻子，在人前不擦脸。

我不知道人家在我身上看到的这些姿势是否属于这第一种情况，是否我身上真有这样的天生缺陷，肢体无法协调活动；但是说到心灵的活动，我在这里坦陈自己的想法。

这种虚荣包含两个部分：视自己过高和视他人过低。

说到第一部分，我觉得首先必须考虑这样的前提，我总是感到心灵的迷失，这种压力使我不愉快，因为说不出理由也就更加令我烦躁。我尝试改掉它，但是无法根除。这就使得东西到了我手里，我就会贬低到手的东西的价值；东西不在我手里，不在我眼前或者不是我的，那时我会抬高它的价值。这种心态流传很广。犹如权威思想的作祟，使丈夫对自己的妻子，许多父亲对自己的孩子带着恶意的轻视；我何尝不是这样，同样两部作品，我总是对自己的作品吹毛求疵。

这不是急于求全求好，妨碍了判断力，使我对自己感到不满意，就像占有使人不重视自己掌握与支配的东西。远方国家的风俗、制度吸引我；语言也是这样，我发现拉丁语由于严谨而令我入迷，超过应有的程度，使我犹如孩子和庸人。邻居的财产管理、房屋与马匹，尽管价值相同，在我看来也胜过我的，因为这些不属于我。尤其我对自己的家庭状况一无所知。

我欣赏每个人对自己抱有的信心与期望，而我对事情几乎总是不知道如何去做，也不敢回答说自己会做。我对自己的能力也没有作过系统的估计，只是在事情做成后才有点明白。同样怀疑自己是否还能做其他事。从而遇上我工作进行顺利，会认为是我的运气好多于我的能力强。尤其我在计划时全凭偶然，还提心吊胆。

此外，我一般还有这个特点，古代对人的总体看法中，我最接受和最注意的是贬低、轻视和打击我们最厉害的看法。我觉得哲学在攻击我们的自负与虚荣，揭露我们的优柔寡断与软弱无知时切中要害，发挥最精彩。我觉得人自视过高是助长一切——社会与个人的——谬误思想的根源。那些骑在墨丘利神的本轮上，对天庭一览无遗的人，像拔错牙的庸医那样叫我受不了。因为在我以人为对象的学习中，发现人的判断五花八门，疑窦重重，简直是一座深不可测的迷宫，即使是同一研究智慧的学派中也众说纷纭，莫衷一是，你可以想一想，既然这些人对自己本身与处境的认识不能取得一致——这些还是日夜展现在他们眼前、存在于他们心中的事。既然他们对自己掀起的讨论是怎样掀起的也说不清，对自己掌握、玩弄的学术机关不知如何描述解说，我怎么还能相信他们论述尼罗河潮涨潮落的原因呢？据《圣经》说，让人对事物产生好奇，这是神强加于人的一种“劳苦”。

说到我个人的情况，我觉得很难见到一个人会对自己估计那么差，甚至可以说见到一个人会对我估计差得比我对自己还要差。

我认为自己是个普通人，除了以下这点认识与众有所不同：那就是会犯普遍存在的低劣错误，但是不否认，也不找借口原谅；知道自己有多少价值也说多少价值。

若有什么荣耀，脸上也会有所流露，这仅是表面现象，不会积淀于心，影响到我的判断。

我只是被浇湿了身子，但没有被染上颜色。

说实在的，我的精神产物中不论在哪一方面都还没有创造出让我满意的东西，别人的称赞不会使我听了坦然。我的情趣细腻挑剔，关涉到自己尤其如此；我不断否定自己，觉得自己处处犹豫不定，软弱退却。我也没有什么才能可以提出高见。我的观察力较为清晰准确，但是使用时就会模糊不清，尝试写诗时更为明显。我热爱诗歌，评论别人的作品颇有见地；但是自己动手写时，实实在在变成了个孩子，连自己也无法忍受。在其他事情上可以做傻瓜，在诗歌上万万不能。

神、人、书店都不允许

诗人写出庸俗的作品。

——贺拉斯

祈求上帝把这句话张贴在所有出版商的店铺门上，禁止那么多的平庸诗人进门。

谁都没有像蹩脚诗人那么自信。

——马提雅尔

为什么这样的人民已不复存在？大狄奥尼修斯对自己评价最高的是写诗。在举办奥林匹亚竞技会季节，他派遣几位诗人和乐师乘了豪华超群的马车，带了金碧辉煌铺皇家地毯的帐篷，到会上去介绍他的诗篇。轮到他的诗歌在台上朗读时，起初诗句抑扬顿挫，气势浑厚，吸引了大众的注意。但是接着他们觉得作品缺乏活力，首先表示轻蔑，接着评论尖刻起来，不久怒火中烧，冲进场内把所有的营帐推倒、撕裂来泄愤。

他的赛车在比赛中也没有得到出色的成绩，载运他手下人的船只也抵达不了西西里岛，被暴风雨吹到塔兰托海边撞得四分五裂，民众确信这是神跟他们一样，听了这首拙劣的诗篇而大发雷霆。在海难中幸存的水手以后也附和老百姓的这种看法。

神谕预言他死亡，也像与老百姓的说法不谋而合。神谕说大狄奥尼修斯在战胜比他优秀的人以后就会走上末路；他认为这是指实力上比他雄厚的迦太基人而言的。跟他们打仗时，他经常有意贻误良机，放弃胜利，不被预言说中。但是他理解错了，神指的是他通过求情与贿赂，在雅典压倒了其他比他优秀的悲剧诗人，抢先上演了他的剧本《莱内尼亚人》；他取得这次胜利后不久暴卒，部分原因是他兴奋过度。

……

我所需要的只是对自己的命运感到满意，也就是心灵的调节，要在各种境遇中处理得好同样也是困难的，我们从经验看到在富裕时比在贫困时更难做到；可能是这个原因，按照我们其他情欲的轨迹，挥霍成性比贫寒更刺激对财富的渴望，节制的美德也比忍耐的美德更少见。

我所需要的只是静静享受上帝慷慨赐予我的财富。我从没做过任何无聊的工作。我也不积极管理自己的事业，就是管理，也是由别人提出后，在我的时间内、以我的方式去做，他们信任我，理解我，不催我。因为出色的马师傅才能叫一匹喘气的劣马干活。

我童年也受到宽松自由的教育，从不强制约束。这一切形成我的性格温顺，受不得烦恼。我甚至喜欢人家把我的损失与麻烦都对我瞒着不说。我还因漫不经心而把府上日常开销都打在我的账目上，

> 这笔冤枉钱溜过主人的双手，
>
> 落进了盗贼的腰包。
>
> ——贺拉斯

我喜欢不去深究自己做的账本，这样对损失可以糊里糊涂。我要求跟我一起生活的人，若没有感情和不思好好做，要诈骗我也要做得有个好样子。我由于不够坚强，难以忍受我们必然遇到的厄运的骚扰，也不能保持紧张状态去处理和解决这些事情，索性心里抱了这样的原则，让一

切都听凭命运的安排，凡事都往坏处去想；坏事真的来时，决心坦然耐心地承受。我抱了这个主意工作，一切想法也朝着这个目的去准备。

遇到危险，我想得多的不是怎样逃过，而是逃过也不怎么重要。我处于危险之中时，又怎么样呢？我不能左右事情，我就左右自己；事情不适合我，我就去适合事情。我没有多大技巧做到掌握命运、回避命运或强迫命运，谨慎小心引导事情为我所用。我还没有长性去忍受必不可少的细腻艰苦的工作。对我来说最难受的情境，就是对一些急事悬着心，处于担忧与希望之间。反复考虑，即使对付一些小事，也叫我烦，觉得自己的思想遇到犹豫不决、左右为难时茫无头绪，还不如等待时机到来时，坐下来拿个主意去解决。

……

我们看到商人、村官、工匠打仗时英勇智慧，不输于贵族；不论在群体和单独作战中都非常出色。在我们的战争中他们战斗，保卫城市。在这样的老百姓中间，一位君主显不出表率作用。那他可以发扬人道、坦诚、正直、节制，尤其公正，这些被人遗忘、抛弃、已很罕见的品质。只有人民的意志才能使他成就大事，最能鼓舞人民意志的就是下面这个品质，对他们要比什么都有用。

> 仁慈最得人心。
>
> ——西塞罗

以此来说，我会觉得自己是个伟大的奇男子；若与过去几个世纪的人相比，我只是个平庸的侏儒；在那个时代，且不说有没有其他非常优秀的品质，至少经常见到一个人报仇时不心狠手辣，对人不睚眦必报，信守自己的诺言不口是心非，不见风使舵，不人云亦云，不投机改变自己的信仰。我宁愿为工作折断脖子，也不愿改变信仰为他们服务。

时今十分流行的虚伪和隐讳的新道德，我对之深恶痛绝，在所有的恶行中还没见过比此更加卑怯与低劣的。这是一种胆虚与奴性把自己遮盖和隐藏在一副假面具后面，不敢让人看到自己的真面目。我们这时代的人从中学会了背信弃义。由于说惯了假话，失信也不会引起良心不安。高尚的人不应该口是心非，他愿意让人看到心灵深处。一切都光明正大，至少一切都非常人性。

亚里士多德认为心灵高尚就是爱憎分明，评论与说话开诚布公，为了真理不计较别人的赞成与反对。

阿珀洛尼厄斯说，奴隶才说假话，自由民要说真话。

这是第一和基本的美德。我们必须因为它是美德而爱它。谁若是因受义务与利益的驱使而说真话，谁若因为与人无碍而不怕说假话，这还不够是个真正老实人。我的心灵结构容不下谎话，而且想到还厌恶。

有时，当我猝不及防，必须不假思索作出反应时，我还是会说谎的，事后我会感到强烈的羞耻和内疚。

这并不是说要把一切和盘托出，这样做就傻了；但是说出来的话要符合一个人的想法，不然就是恶意欺骗了。我不明白有人成天弄虚作假、巧言令色图的是什么，除了到头来就是说真话也没有人会相信。骗人只可能一次或两次。但是像我们的某些君王把说假话与说大话当做家常便饭——(就像古代马其顿人麦特鲁斯说的)假若他们的衬衣探知他们的真实意图,也会被他们扔进火里;还有谁不弄虚作假谁就不会统治——这岂不是在告诉与他们打交道的人,他们所说的都只是假话与谎话而已。

人若没有诚信的声誉,愈精明能干,愈可憎可疑。

——西塞罗

有人自夸可做到表里不一,像提比略一样,谁要是轻信他的表情与说话,那未免过于天真。我不知道这样的人在跟人打交道时,说的话都算不得准的,又能得到什么呢。

谁对真理不忠,也会对谎言不忠。

我们这个时代的人,在评论一位君王的责任时,只是看他治理的功绩,更优先于他遵守信义与良知;他们对君主会这样进谏:命运已把他们的国事安排得井井有条,不妨偶然一次失信食言,会使国家从此巩固。但是事实并不如此。遇上同样讨价还价的谈判又会出此下策。他们在一生中不止一次媾和,也不止一次订条约。利益诱使他们第一次背信弃义(这方面差不多总是掺杂着利益,就像在所有其他的坏事中;亵渎神圣、暗杀、叛乱、背叛都是由于某种好处而策划的),但是这第一次利益以后会带来无穷的恶果,鉴于这次背信弃义,无人会与这位君王结交和谈判。

奥斯曼家族很少讲信义,遵守条约;在我童年时代,帝国苏丹苏莱曼二世[3]领兵来到了奥特朗托海峡,他获悉梅尔库里诺·德·格拉蒂纳尔和卡斯特罗[4]的居民在交出城池后被当作囚犯关押了起来，这违背了他们投降的条件，下令放了他们。他在这个地域还有更大的事业要完成，这种不讲诚信的行为从表面来看虽有利可图，但是对他今后的名声不利，会造成无限损失。

而我宁可做个令人讨厌、说话直爽的人，而不是阿谀奉承、城府很深的人。

我承认，保持这样直率和开朗，不顾及他人，这里面也掺杂一点自傲与固执的成分。我觉得我在不该自由的地方太自由了一点，过于激动时顾不到尊重别人。也可能我缺少心计全凭天性行事。面对大人物说话与举止都像在家里那样随随便便，我察觉若有不到之处会多么冒失与失礼啊。除了生来如此以外，我的思想也不够灵活，不会对直截了当的问题闪烁其词，避免正面回答，不会捏造事实，也没有足够的记忆力记住这是捏造的，还在人前信心十足地打包票；我因懦弱而装得勇敢。于是我索性凭自己的天真行事，想什么就说什么，从态度上和言辞上都表现坦然，让命运来主导事态的发展。

亚里斯提卜说，他从哲学得到的最大好处是他对谁都会自由坦诚地说话。

记忆力是一件可以巧妙使用的工具，判断少了它就不能完成任务；而我就没有记忆力。谁要跟我说什么，必须一段一段说。因为包含许多内容的话，我就没有能力回答上来。我接受一件任务就要把它记在小册子里。若要发表什么长篇大论，我就只好老老实实、辛辛苦苦把要说的话一字一句背出来，不然我就缺乏条理与信心，唯恐记忆力跑来跟我捣鬼。

但是这样做对我并不轻松。背上三句诗需要花三个小时。还有对待自己的作品，我有自由与权力去改动前后次序，修改一句话，不断变换内容，弄得文章更加难记。我愈不信任我的记忆，记忆愈困扰我；倒是偶然碰上还更好使，我应该随随便便求助于它。因为我逼它，它吃惊；此后它开始坐立不安，我愈询问它，它愈发呆为难；它会在它的时间，而不是我的时间内帮我的忙。

我在记忆上感觉这样，在其他方面也感觉这样。我避开约束、义务与牵制。我轻而易举，自由自在能做的事，若受明确指定的命令逼着自己去做，我就不知道怎样做了。身体也是，四肢原有自己的支配权，当我要它们在指定的时间做一件必要的事，它们有时就不听我的使唤。这种暴君式的强迫命令叫它们反感，它们因害怕我不满而蜷缩发僵。

……

记忆是知识的库房和容器。我的记忆那么差劲，因而所知不多也不必过于自怨自艾。一般来说，我知道学科的名称以及包含的内容，深入的东西就一无所知了。我翻阅书籍不求甚解。留在我心中的东西倒不是在别人那里见得到的，只是这时我的判断力发挥了优势，充满了推理与想象。作者、地点、原话和其他情况，都立即忘得一干二净。

我的忘性那么杰出，就是自己的书信著作也不见得记得更牢。别人照抄我的文章我也浑然不知。若要知道我在这里旁征博引的诗句与例证出自何处，也会把我难到，说不出来。我只是从名门望族那里乞求施舍而得来的，不但要求内容精湛丰富，还要出自博学鸿儒之手：权威与理性并行不悖。如果我的书籍遭到其他书籍相同的命运，如果我的记忆使我写的与我读的、我主张的与我学到的东西不同，这也没什么奇怪。

除了记忆的缺点以外，我还有其他缺点，大大有助于我这人蒙昧无知。我思想迟钝木讷，稍有疑云就会卡住，以致（比如说）我向它提出的谜语再容易，它也不知道猜。稍为要动脑筋的小事也可难住我。需要运用智力的游戏，如象棋、纸牌、跳棋等，我都只懂大致的玩法。我领会很慢，又会弄糊涂。但是一旦领会，便会很好领会，在领会的时间内并能融会贯通，深中肯綮。我的目光看得远，清楚全面，但是在工作中容易疲劳，会迷糊；这样我就不能长时间做书案工作，除非有别人帮助。小普林尼告诉缺乏经验的人说，对于从事这类工作的人来说做事跟不上会有多么重要的影响。

人无论多么无能与鲁钝，身上总是有闪光的个人品质，品质不论埋藏多深，总会在某个时机显露出来。一个心灵对其他一切都懵懵懂懂，唯独对某一种事耳聪目明，超过常人，这究竟是怎么一回事，那就必须请教我们的先生。美丽的心灵是对一切都能统筹、开放和接受的心灵，虽未经教育，至少是可以教育成才的。

我说起这点是对自己心灵的控诉。因为出于软弱或懒慵（对我们脚下的事、我们手里的事，对我们的日常生活密切有关的事都懒懒散散，这其实跟我的主张相去甚远），也找不到哪个心灵像我那么无能，对许多基本常识那么无知，这说来真令人汗颜。我不妨在此举几个例子。

我生在农村，在田间劳动中长大。自从过去掌管我现有财产的人离开他们的职位以后，就由我自己当家做主了。我既不会用筹码也不会用笔来算账。对自己的大多数货币也不认识。农作物在地里与在粮仓里，若差别不明显，我也分不出来；园子里的甘蓝与莴苣还略可辨别。还有连孩子都知道的主要农具名称，基本农业原则，我也不清楚。更不要说机械原理，贸易和商品知识，水果、酒类、肉类的品种与特色；不会驯鸟，不会给狗与马看病。

不到一个月内就被人发现我不知道酵母在做面包时起什么作用，葡萄酒发酵又是怎么一回事，这真是让我丢尽了脸面。在古时候雅典，说看到一个人能否干净利落地捆扎荆棘，就知他有没有数学的天分。而在我身上肯定可以得出相反的结论：因为就是给我一座什么都不缺的厨房，我这人还是会挨饿的。

听了我坦白的这些特长，也可以想象出其余让我受罪的优点了。但是，不论把自己说成怎样一个人，只要这符合我的实际情况，我就是达到了目的。由于这样，我也不用为自己居然写出那么低俗肤浅的话而感到歉疚。这是题材低微逼得我这样做。你若有意可以抨击我的计划，但不要抨击我的实施方式。不管怎样，没有别人的提醒，我也看出这一切都微不足道，并无多大价值，以及我的意图的荒谬性。这还是证明我的判断力——从中衍生了这些随笔——还不至于完全在乱弹琴。

愿你有只好鼻子，愿你的鼻子
大得连阿特拉斯[5]也难往上抬。
让你的鬼脸叫拉丁努斯[6]也会笑起来，
你要说我无用也没用，
我自己说得比你还要凶。张开空口啃什么？
吃饱肚子需要的是肉。
省省你的力气吧。对自鸣得意的人，
你喷毒液也白搭。我的书就是差，知道了又怎样。

——马提雅尔

我没有义务不说一句蠢话，只要我知道不是在自欺欺人。意识到自己会出错的担心屡驱不散，因而也会以这样的方式出了错，不经意时倒从来不错。把非礼的行为归咎于鲁莽的性格易如反掌，因而我免不了自己以此来为坏事辩白。

……

总之，再回到我自身来说，我唯一还欣赏自己的一个优点就是不像别人都不承认自己有缺点，我的劝告是平凡、中庸和大众化的，谁会认为自己连这点也做不到呢？这个建议本身或许包含着这个矛盾：这是一种病，但从不生在看得见的部位；它顽固难治。但是病人的目光一扫即可把它看透、驱散，就像阳光穿透乌云一般。在这个问题上控诉自己即是责备自己，判罚自己即是补赎自己。

从来没有一个破门而入的盗贼或弱不禁风的女子，不认为自己善于应付。我们轻易承认别人勇敢，强壮，有经验，有才能，长得美，但是决不会说哪个人判断力比自己强。别人提出合情合理的见解，我们总觉得自己朝这方面去注意也不会提不出来。学识、文笔、其他种种，出现在其他人的作品中，若超过我们必然心有感触。但是智力思考，每个人都认为自己心里也经常闪过类似的念头，很难辨别出其中的分量与困难，除非是差距很大和不可比拟的时候——即使这样也不易区分。因而我并不对这种操劳给予多大的期望与赞扬，这不是可以沽名钓誉的一种伎俩。

此外，你写给谁看呢？对书作出评判的学者只承认学术性价值，在我们心智的产物中只取其渊博与艺术的部分。若连西庇阿家庭的成员也分不清，你还能说出什么值得可信的话呢？按照他们的意思，不知道亚里士多德的人，连自己也不会知道。凡夫俗子看不出一篇鸿论中博大精深之处。世界上多的是这两种人。还有就是跟你默契的第三种人，他们为人方正自信，人数之少就是在我们中间也没有名气，没有地位，欲要努力讨好他们，大半时间都是白白浪费的。

常言道，大自然赐给我们的资质，最公平的是良知，因为没有人对大自然给予他的那份良知会不满意。这不是说明问题了吗？谁看得超出自己的视线，才算是看得远。我认为我的意思正确有理，但谁不认为自己的意见正确有理呢？不过我可以对此提供一个最好的证据，这就是我对自己的评价不高。因为这些证据若不确定无疑，立刻会被我对自己的偏爱所糊弄，就像一个人把一切感情都放在自己身上，而不会分散在别人身上。其他人把感情分散在数不清的知亲好友身上，分散在自己的功名富贵问题上，而我全放在自己和自己的精神安宁上。若有分散到其他方向的，那绝不是按我的理智有意安排的，

学习自主生活之道。

——卢克莱修

我对自己的不足提出的看法，我觉得都是极为大胆与一贯的。确实，这也是我培养自己的判断力所使用的论题中的一个论题。人总是相互对视，而我把视角对准自己，执着好奇。每个人都看自己的前面，而我看自己的里面，我以我为对象，不停地注视；我自我监控，自我体验。其他人就是想到也总是往别处去；他们总是向前去，

没有人试图深入自己内心。

——柏修斯

而我在自己的内心转悠。

这种选择本真的能力——不论在内心怎么样——这种不轻易放弃信念的自由意志，主要来自我自己。因为我最坚定的基本思想，可以说，是与生俱来的。它们完全顺着我的天性而形成的。我也不经雕琢如实地把它们表达出来，大胆有力，但也显得粗糙与不完美。后来我在别人的权威著作和古代圣贤的名言中，见到我与之相符合的看法，帮助我树立和充实自己的思想。使我坚定不移，感受到更全面掌握的喜悦。

别人期望得到思想通达敏捷的赞美，而我要做到的是思想严谨。别人期望一鸣惊人或者出奇制胜，我要做到的是有条有理、前后一致、

思想与社会风气的调谐。

> 若有什么值得称颂的东西，那肯定是行为的一致性，从不在任何个别行动中有所违反；如果放弃自己的做人方式而去模仿他人，必然保持不了这个一致性。
>
> ——西塞罗

我说到自命不凡的恶习的第一部分，以上可以看出我对此感到多么有罪。至于第二部分，那是对别人估计不足，我不知道自己在这方面是否同样情有可原；不管会付出什么代价，我决心实话实说。

也许是我不断探索古人胸襟，对先贤的丰富心灵有所认识，使我对自己与别人都兴趣索然。也许是我们生活的这个时代只能产生平庸的东西；以致我看不到任何值得大书特书的事件；也不跟哪个人密切得可以对他评头品足；我平时从身份出发与之打交道的人，大多数很少关心文化修养，在他们接受的教育中荣誉是真福，英勇是完德。

看到别人身上的优点，我乐于赞扬夸奖，经常说得还比我心想的过了一点，我有意说谎也仅此而已。因为我不会无中生有。我看到好的东西也甘愿为朋友作证；有一尺的价值，我乐于说它个一尺五。但是我不会把不是优点说成是优点，也不会当众维护他们身上的缺点。

即使对于敌人，我该评议还是光明磊落评议。我的感情会变，我的判断不会。我不会把批评带入到其他与批评无关的情景中去。我那么在乎维护我的评判自由，忍痛也不会为了某一种个人情绪而放弃。我说谎对自己造成的伤害，要比我为之说谎的人造成的伤害还多。我们看到在波斯国有这个慷慨侠义的习俗，他们谈论他们的死敌，跟他们进行血战，都光明磊落，对敌人的品德表示应有的尊敬。

我对某些人有足够认识，他们各有优点。有的机智，有的热心，有的灵活，有的认真，有的能言善辩，有的学问渊博，有的有其他优点。但是伟人同时具备各种各样的优点或一个极为突出的优点，令人惊为观止，或者可与我们崇敬的古代伟人相提并论的，我还无缘见到一个。我个人遇见过的最伟大人物——我指的是天禀聪颖、出身高贵——那是艾蒂安·德·拉博埃西；他实在是个英才，面孔从各个角度看来都美，古道热肠，天资之外又加上勤奋好学，若风云际会，不难做出一番大事业。

但是我不知道怎么会发生这样的事（然而确是发生了），那些人立志追求知识，涉猎学术研究和一切与书籍有关的工作，在理解上却像其他各种人同样虚妄和低能：要么是大家对他们的要求和期望过高，不能原谅他们身上有常人的弱点；要么是他们自恃学识丰富，到处抛头露面，卖弄过分，反而不知所措，显出了原形。

好像一名工艺匠不顾工艺规程，笨手笨脚把手里的一件珍贵材料糟蹋，这要比做坏一件劣质材料显得更为愚蠢，瑕疵出现在金雕像上比在石膏雕像上更叫人恼火。有些人就是这样，他们提出的一些论点本身在原来的场合或许并不错，因为他们到处滥用，这有助于这些话的知名度，却有损于对它们的理解力。他们使西塞罗、盖仑[7]、乌尔比安[8]、圣哲罗姆[9]很光荣，却使自己很可笑。

我很乐意再来谈谈我们教育制度缺少活力的道理。我们的教育目的是要我们博学，不是要我们善良与智慧。它达到了这个目的。它不教我们学习追随美德和行事谨慎，但是它要我们头脑里记住这两个词的派生与词源。我们知道“行善”这词的变格，却不知道热爱行善；我们不必知道在思考与生活中谨慎行事，只要记住这词怎么乱念就够了。

对我们的邻居，不仅要知道他们的籍贯、家庭、亲属，还要跟他们做朋友，交谈，保持默契关系。我们的教育教我们美德的各种定义、分类和表现，如家谱中的名家和分支，决不费心教我们在行善中做得体贴，培养爱心。在我们的学习中选择的不是观点较为健康、较为真实的书籍，而是希腊文、拉丁文写得最好的书籍。用最美好的词句在我们的思想中灌输古代毫无意义的糟粕。

良好的教育改变人的看法与习俗，波莱蒙遇到的就是这样，这个希腊纨袴子弟，在偶然间听了色诺克拉特[10]的一堂课，不但注意到这位讲师的雄辩与渊博，把有益的知识带回家中，还结出一个更灿烂鲜艳的果实，毅然改变前半生的生活，重新做人。我们的教育曾给谁带来过这样的影响？

> 波莱蒙改邪归正后做的事
> 你会做吗？你会不会抛弃
> 疯狂的标记——花边、坐垫、饰带，
> 有人说，酒醉后遭到饿肚子的老师痛骂，

他卸下了头上的花冠。

——贺拉斯

社会地位最受歧视的人，我觉得他们的心地最谦逊单纯，与我们打交道规规矩矩。农民的习俗与谈话，以真正的哲学信条来说，我认为一般还比我们的哲学家更加有条有理。

平常人更聪明，因为他们必须聪明行事。

——拉克坦希厄斯

……

注释

[1] 斯考鲁斯(约公元前 162—约前 89)，罗马元老院贵族党领袖。

[2] 君士坦丁二世(317—340)，罗马皇帝(337—340 在位)。

[3] 苏莱曼二世(1642—1691)，奥斯曼帝国苏丹(1687—1691 在位)。

[4] 卡斯特罗，意大利中部翁布里亚区的一个城镇。

[5] 阿特拉斯，希腊神话中的提坦巨人伊阿珀托斯和克吕墨涅(或亚细亚)之子，普罗米修斯(人类的创造者)的兄弟。在荷马的作品中，他似乎是一个海中人物，支撑着那使天地分离的柱子。

[6] 拉丁努斯，古罗马传说人物。据说是拉丁姆的土著国王，代表拉丁族的英雄。

[7] 盖仑(129—199)，古罗马医师、自然科学家和哲学家。

[8] 乌尔比安(？—228)，古罗马法学家，罗马帝国官员。

[9] 圣哲罗姆(约 347—约 419)，罗马帝国后期基督教教父之一。

[10] 色诺克拉特(公元前 400—约前 314)，古希腊哲学家。

论意志的掌控

跟一般人相比，让我感动的事——或者说得更确切——使我留恋的事不多。事物只要不控制我们，而只是感动我们，那还是理智的。我通过学习与思考，花了很大心思去提高无知无觉的这份特权——这在我的天性中原本已很突出了。

我常做的事不多，因而热心的事也不多。我目光清晰，但专注在少数事物上；感觉细腻不敏锐。理解与处事能力则鲁钝迂拙，进入状态缓慢。我对自己的事全力以赴；可是在这个题目上，我要克制一下感情，乐意不让它陷入太深，因为这个题材可由我控制但也受制于人，命运对此比我更有权利。从而，就是我十分珍视的健康，我对它也不要过多祈求，煞费苦心注意，让我觉得生了病就非同小可。人应该在怕疼痛与爱享乐之间保持克制。柏拉图主张生活中要走两者的中间道路。

但是对于那些使我不顾自己、分心他事的感情，我当然不遗余力抵制。我的意见是为别人应该效劳，为自己才应该献身。如果说我有意愿乐于仗义执言，一言为定，但是我坚持不了，我的天性与为人都太

软弱，

见事就躲，生来是享清福

——奥维德

经过一场激烈持久的辩论以对手胜利而告终，热烈追求后得到令我面红耳赤的结局，这都会叫我痛心疾首似的难受。我若像别人一样坚持，我的心灵没有力量忍受这些死抱不放的人号叫与激动。内心一骚乱必然土崩瓦解。

有时有人把我推出去执行外界事务，我答应接受，但不会呕心沥血；我负责，但不会如同身受；我可以做到事必亲躬，但不热情洋溢；我会照看，但不会时刻在琢磨。

需要我处理与安排的紧急家务已经够多，让我终日牵肠挂肚的，那里还能定下心来接受外人的委托。自己本家日常维持生计的事与我利益攸关，也就不包揽别人的事了。那些知道欠了自己什么的人，那些知道该为自己尽多少义务的人，就会发现大自然已经给了他们这份订单，满满的，决不会让他们闲着。家务有的是，不用出门去。

人总是出租自己。他们的天赋不是为自己，而是为奴役他们的人用的。这样住在家里的不是自己而是房客。我不喜欢这种普遍心理。心灵的自由应该爱惜，只有在正当时机才可以把自由暂时抵押，我们若懂得明辨的话，这样的时机是很少的。且看那些只学会冲动与仓促做主的人，他们到处抵押心灵的自由，不管大事还是小事，跟他们相干还是不相干的事；只要那里有事有义务，他们不加区别都参与进去，只要他们不手忙脚乱，就好像不是在活着。“他们为忙而忙着。”（塞涅卡）他们为了找事做而找事做。

他们并非要这么做，其实是他们停不下来，恰如一块石头下坠，不落到地面上是决不会静止的。工作对某种类型的人是能力与尊严的标志。他们的精神在行动中寻找休息，犹如婴儿在摇篮中能够入睡。他们可以称为对朋友很讲义气，对自己充满怨气。没有人会把钱分给别人，但人人会把时间与生命分给别人，我们拿什么也没拿这两样东西那么挥霍，其实只有在这上面吝啬才是有益和值得提倡的。

我采取的态度完全不同。我立足于自己，一般来说对想望的东西想望得并不强烈，也想望得不多。忙工作干活儿也如此，次数不多，不慌不忙。他们要的事，他们管的事，让他们全心全意、满怀热忱去要去管。世上处处是陷阱，若要万无一失就要浅尝辄止。应该在表面上滑过，不要陷入太深。声色犬马之事，沉湎太深也会乐极生悲。

你走在一堆火上

会被灰烬欺骗……

——贺拉斯

波尔多的先生们选我当他们城市的市长，我那时远离法国，更远离这个想法。我请辞，但是有人跟我说我错了，国王也下旨敦促。这个职位除了其职责的荣誉以外没有薪俸也没有津贴，就显得格外崇高。任期两年，通过第二次选举可以连任，但这个情况极为罕见。这出现在我的身上，从前还有过两次，几年前德·朗萨克先生做过，最近又有德·

庇隆先生，法国元帅，我是接他的位子；我任职的位子留给了德·马蒂尼翁先生，也是法国元帅，我为有这样显赫的同僚而感到风光十足，

两人都是出将入相的栋梁。

——维吉尔

命运造成了这个特殊的局势，又送我走上了仕途。这不算完全是虚妄；因为亚历山大对科林斯使臣要颁发给他科林斯居民资格时，不当一回事，后来听使臣说酒神巴克科斯[1]和大力神赫拉克勒斯也在名册上，才向他们再三道谢。

到任后，我认认真真如实介绍自己，我觉得我是这么一个人：没有记忆，没有警觉性，没有经验，没有魄力；也没有仇恨，没有野心，不吝啬，不粗暴；告诉他们在我任上可以期待做到什么，让他们了解清楚。因为他们认识先父，以及对他的怀念，使他们作出了这个决定，我还向他们清楚说明，他们召我来工作的就是当年父亲任职的地点，假若市政工作让我感到重负在身，就像当年父亲一样，我会非常不安。

我记得童年时看到他日益苍老，公务缠身戕害他的心灵得不到片刻安宁，忘记了他多年因体弱而格外留恋的家庭温馨，不顾家务、健康，为公事进行长期艰苦的旅行，不重视安全，也几乎失去生命。他是这样一个人；他天生宽厚仁爱，很少有人像他那么慈善与受人爱戴。

别人身上这样的人生态度我赞赏，却不思模仿，这里面有我的原因。他听人说我们应该为他人忘掉自己，个人与大众相比毫不重要。

世上大多数规则与箴言都借这样的人生态度，把我们赶到了门外，

进入广场论坛，为大众谋利益。他们想到作出极大努力让我们脱离自己，放弃自己，并称我们过分依恋自己是出于一种天然的束缚，不惜说什么也要达到这个目的。贤人不按事物的实际，而按事物的实用来说教，这不是什么新鲜事儿。

真理对我们自有妨碍、不便和格格不入的地方。经常需要受骗才使我们不自骗，需要蒙住我们的眼睛、塞住我们的耳朵才能锻炼和改进视力与听力。

> 无知者当法官，就需要经常上当才不会判决荒唐。
>
> ——昆体良

当他们要求我们去爱我们前面三、四、五十度的东西，他们提出了弓箭手的技艺，弓箭手要射中目的，必须瞄准靶子的上方。木材也是矫枉过正才会平直。

我看到在帕拉斯神庙里，也如在其他宗教的寺庙里，有一些公开的圣物向大众开放，其他更神秘更宝贵的圣物，只是向门内人展示。看来在这些人身上存在着彼此友爱的真正交集点。这不是一种虚假的友谊，让我们一心毫无节制地去追求光荣、知识、财富和诸如此类的事，仿佛是我们的肢体一样不可或缺；也不是甜丝丝、占有欲强的友谊，就像我们看到常春藤，它抱住的那块墙壁会被它损毁；而是一种有益身心、有原则的友谊，同样也相互帮助和愉悦。

谁明白了友谊的义务，并实施这些义务，谁是真正站在缪斯的殿堂里；他达到了人类智慧与幸福的顶峰。这样的人完全知道自己该做什么，认识到对自己实施其他人与世界的做法，也应该是自己的任务，这样做的同时对公众社会贡献出他的一份义务与效力。谁活着不为他人，也就不为自己活着。

要知道，谁跟自己做朋友，也跟大家做朋友。

——塞涅卡

我们最主要的职责，是各人管好自己的行为。我们在世上要做好这点。谁若忘了洁身自好，认为管理别人学好也算是自己尽了义务，他就是个蠢人。同样，谁抛弃自己健康愉快的生活去为别人劳累，这在我看来也是个违背自然的馊主意。

我不赞成一个人在接受公职以后，拒绝在工作时心勤、腿勤、口勤，需要时不付出血与汗：

随时准备牺牲，

为了亲爱的朋友或我的祖国。

——贺拉斯

精神始终处于休息和健全的状态，这不是没有活动，而是没有烦扰，没有激动，这是外界因素促成的，偶然的。单纯的精神活动危害不大，即使在睡梦中也在进行。但是启动时要谨慎小心。因为身体是人家给它多少压力，它也承受多少压力，而精神随自己的心意给压力加码，往往压得身体不堪重负。我们用不同的力气和不同程度的意志做同样的事。力气与意志两者脱节也可以不错的。多少人在与他们毫无相干的战争中天天冒生命危险，在其成败决不影响第二天睡眠的战斗中出生入死？

那个人待在家里，远离他不敢正视的危险，对这场战争的结果却比在阵上流血卖命的士兵更为起劲更动脑筋。我可以做到处理公务而丝毫不改变自己的本色，为人效劳而不亏待自己。

这种誓不罢休的欲望对于意图的贯彻妨碍多于方便，使我们对不顺利或迟迟不发生的事焦躁不安，对跟我们商量对策的人尖酸刻薄。我们受事情左右摆布，就永远做不好事情：

> 情欲引人走入歧道。
>
> ——斯塔蒂乌斯[2]

运用判断与机智的人，做得比较利落；他装假，退让，搪塞，根据情况需要应付裕如。他达不到目标，不烦恼，不丧气，准备一切从头开始，往前走缰绳从不脱手。一心采用暴虐手段的人，其行为必然很不谨慎与很不公正；欲望急躁会不顾一切，行动鲁莽，命运若不伸以援手，不会有多少效果。当我们受侮辱时，从哲学上来说，我们予以惩罚时必须制怒。这不是为了复仇时下手轻，相反是要下手重，打得准与狠。急躁在它看来只会碍事。愤怒不但扰乱思想，还使惩罚者的手臂容易疲劳。怒火使力量用不到一处。就像心急时

> 求速反而慢。
>
> ——昆图斯·库提乌斯[3]

匆忙会失足，会绊跤，会停下来。

> 速度会受速度之累。
>
> ——塞涅卡

比如说，根据我平时做人的经验，吝啬最大的麻烦来自吝啬本身。吝啬愈甚，其收效也愈小。一般来说，当吝啬戴上慷慨的面目时，才能更迅速地敛财。

有一位乡绅，极好的人，我的朋友，对他的亲王主子的事务过于关切，忠心耿耿，把自己的头脑也几乎弄糊涂了。他的主子亲口向我这样描述自己：他对待大事跟常人一样，但是对于无可挽回的事他果断地下决心忍受；他命令作好必要的粮食储备后——他思想敏捷可以很快办成——就安静地等待事情的发生。说真的，我看见过他做事，处理重大棘手的事情时行为举止与脸部表情都满不在乎，非常洒脱。我觉得他在逆境中比在好运中还更有气魄、更干练。对他来说失败比胜利、死亡比凯旋更光荣。

不妨想一想，即使在那些娱乐消遣性的活动中，如下象棋、打网球这类事，急功求成，求胜心切，使思想与肢体陷入混乱；他眼花缭乱，手足无措屡屡出昏招。对胜负成败不那么计较的人始终处之泰然；他在比赛时不慌不忙不冲动，也就更占优势更有把握。

总之，我们要心灵掌握的东西太多，反而不能使它集中与牢记。有些事只需知道，有些事要记住，有些事要刻骨铭心。一切事物心灵都是可以看见与感觉的，但是都要由心灵自己去汲取养料。真正触动它的东西，真正融入和组成它的实质的东西，才使它得到教育。

大自然的规律使我们学到我们必须学习的东西。贤哲告诉我们，按照自然的规律无人是贫困的，按照世人的意见人人都是贫困的，他们还细致区分从自然而来的欲望和因我们胡思乱想而来的欲望。大家看得到底的欲望是来自自然的，在我们面前躲闪、让我们追赶不上的欲望是来自我们的。钱财的贫乏易治，而心灵的贫乏则不可治。

若说满足生活就是够，
那我是够了。但是不！那又是什么样的财富，
可以多得满足我的欲望呢？

——卢西里乌斯

苏格拉底看到有人担了大量钱财、珠宝和珍贵家具，大摇大摆穿过他的城市，说："我不要的东西怎么这样多！"梅特罗道吕斯每天吃12盎司粮食过日子。伊壁鸠鲁更少。梅特罗克勒斯冬天跟羊群一起睡，夏天宿在教堂的回廊里。

自然的需要自然皆可以供应。

——塞涅卡

克里昂特斯靠双手生活，还夸口说，他愿意的话还可以养活另一个克里昂特斯。

为了保护我们的生存，大自然原本对我们的要求确实是非常小的（究竟多么小，究竟生命只需靠什么就可以活下来，再也没有比下面这句话说得更清楚了：小得连命运怎么捕捉与冲撞都逮不住它），还允许我们自己再增添一点；这就是把我们每个人的习惯与条件也称作是自然需要吧；让我们根据这个尺度来犒赏自己，款待自己，我们的从属物与打算也可以扩大到这个程度为止。

因为在到达这个程度以前，我觉得我们总还有个借口。习惯是第二天性，但不比第一天性弱。我的习惯中缺少的东西，我认为也是我生命中缺少的东西。我在目前这个状态中生活了那么久，若有人要我紧缩和放弃，这不啻是让我盼着他们夺走我的生命。

我再也不是承受大变动、投入陌生新生活的年龄了。即使向高处走也不行。没有脱骨换胎的时间了。我抱怨的是有的好事当我还能享受时不来而现在才落到我的手中，

来了好运不能享受，不也是无用？

——贺拉斯

我自叹腹中枉有少许经纶。做正直人太晚了还不如不做，生命已没有了还说什么明白地生活。我这人来日无多，乐意把处世谨慎的经验传给后来者。那也等于餐后才送上了芥末。对于我已无用的财富我也不知拿来做什么。对于一个头脑不清的人学问有什么用？让我们看到礼物，却引起心中正常的哀叹，该来的时候没有来，这正是命运之神对我们的侮慢与不再宠爱。

不用再引导我，我再也去不了哪儿。令人满足的事各种各样，对我们唯有耐性而已。你去给双肺已腐烂的歌手一条响彻云霄的好嗓子，让深居阿拉伯沙漠里的隐士能言善辩吧！没落毋须技巧，每件工作最后总是结束。我的世界已走到了头，我的形式是空了；我完全属于过去，必须承认这一点，相应走上这条出路。

我要说的是这个：教皇[4]最近在日历上抹去了10天，这使我情绪

非常低落，让我无法适应。我生长在不以这样计算日期的年代里。这样一个悠久古老的习惯在向我招手，向我召唤。我无法接受这个仅仅是稍作改动的新事物，不得不在此当上了异端分子。尽管我年事已高，我的想象还总是跑在时间前面十天或后面十天，在我耳边嘀嘀咕咕。

这个规则关涉到要活下去的人。即使健康不管多么甜蜜，断断续续找上门来，给我带来的也是遗憾多于享受，我已不再有地方可以容纳它了。时间正在离我而去；没有时间也就什么都无从占有。我看到世上有多少选择性的高位，只是留给正要离去的人们，我对这一切都付之一笑！没有人关心他履职时能尽多少心力，能做多么长久：他一进门就要找边门出去了。

总之，我正在准备了结这个人，不是重新塑造一个人。年深日久，形式在我身上变成了实质，习惯也变成了天性。

所以我说我们每一个脆弱的生灵，认为在这个范围内的东西都是自己的，这情有可原，但是同样一出了这个范围都只是一片混乱。这是我们能够给予自己权利的最大空间。我们愈是扩大自己的需要与占有物，我们愈是易遭命运的冲击与灾星的降临。我们应该给欲望的路程设立禁区，限制在最近最直接的好事上。此外这条路程不应该设计在向外畅通无阻的直线上，而是按圆圈而行，路程的两端经过一个简单的转弯，汇集在我们自己身上。这番曲折也可说是接近实质的反思，没有曲折的行动就像吝啬者、野心家和其他直奔目标的人的行动，他们可以冲在别人前面奔跑，但这是错误和病态的行动。

我们的工作大部分都是闹剧。

人间就是一出戏。

——佩特罗尼乌斯[5]

我们应该尽心尽责扮演自己的角色，但只是一个特定人物的角色。不应该把面具与外形作为精神实质，把别人作为自己。我们不善于辨别人皮与外衣。在面孔上涂脂抹粉已经足够，不用再在良心上涂脂抹粉了。我见过有的人担任过多少个职务，变脸和变心就变了多少回，脑满肠肥大模大样，甚至在私室里也一身官气。

我教不了他们如何区别称赞他们本人的高帽子与称赞他们的差使、随员还是骡子的高帽子。

他们那么陶醉于自己的好运，竟至忘了自己的本性。

——昆图斯·库提乌斯

他们的官职高，把自己的心灵与思考能力也吹嘘得那么高。

波尔多市长与蒙田从前总是两个人，泾渭分明。作为律师与财政官员，不能不认清这类工作中的欺诈行为。正直的人跟他的职业中的罪恶或愚蠢是不相容的，可是不应该拒绝干这门行业；这是国家大事，有益于大众。人要靠世界过日子，尽量往最好方面去做。但是一位皇帝要超越自己的帝国，不掺私心杂念高瞻远瞩；而本人应该知道如何独自作乐，还像个普通人那样心地坦白，至少对他自己如此。

我不会让自己全身陷得那么深。当我决心站到哪一方，决不至于偏激得不问是非。当此国家处于乱世时期，我没有因利益攸关而看不到我们对手中值得赞扬的优点，我追随的这些人身上应该谴责的缺点。他们对自己一方的事都表扬，而我看到我方的大部分事都不能原谅。

一部优秀的作品并不因为它跟我的事业作对而失去它的精彩。除了争论的焦点以外，我让自己保持公平和完全置身事外的态度。

> 除战争的需要以外，我不怀任何深仇大恨。
>
> ——佚名

这点我对自己很满意，因为我常看到别人陷入相反的境地。

> 让不会利用理智的人去利用感情吧！
>
> ——西塞罗

有人愤怒与仇恨超过了事件本身，大多数是说明这来自其他特殊原因，就像某人溃疡病治愈了，但高烧还是不退，这说明他另有一种隐疾。事实是为了公众事业，只要公众事业损害的是大家与国家的利益，他们决不会恨；只是因为它损及了私利他们才会恨得什么似的。这就是为什么他们大动肝火，到了不顾正义与公理的程度。

> 他们谴责整体事业并不一心一意，但是谴责涉及个人的小事则步调一致。
>
> ——李维

我希望我方占优势，占不了优势我也不会发疯。我坚定地站在更磊落的一方，但是我不愿别人有意强调我超过一般情理与其他人为敌。这种恶劣的风言风语令我特别反感："他是神圣联盟的人，因为他欣赏德·吉兹王爷的风雅。""那瓦尔国王的活动叫他吃惊，他是个胡格诺。"

“他对国王的为人说三道四，准是怀有异心。”

……

做人不应该疯狂追求情欲与利益。我年轻时爱情来得太快我就抵制，有意安排得不太愉快，以免沉湎其中，最后完全听从爱情的摆布；其他场合遇上精神过于亢奋时我也如法炮制。感到心像喝了酒似的跃跃欲试以求一醉时，我偏偏违反心意去做。我赶快逃避，不让自己过于纵情欢乐，以免要收回心时头破血流。

人的心灵糊里糊涂，看不透事情，坏事没有把它们害个够，就认为交上了好运。这也是一种精神麻风病，气色健康，即使哲学对这种健康也一点不小看。但是这也不是要把这个称为智慧的理由，像我们常做的那样。有位古人以此嘲笑第欧根尼，要在严冬三寒天，赤身裸体去拥抱一个雪人，考验自己的耐力。那个人遇到他时正处于这个状态。于是问：“这个时候你冷得很吧？”第欧根尼回答说：“一点不冷。”那人又说：“既然不冷，那你这样抱着怎么算是高难度的示范动作呢？”为了检验恒心，必须学会吃苦头。

但是，心灵要受到命运千辛万苦、艰苦卓绝的折磨，要依照人生中原有的严酷与沉重来衡量和体验，那就要利用人生艺术不去深究其原因，避开其锋芒。柯蒂斯国王就是这样做的；有人向他献上一套华美贵重的餐具，他给予厚赏；但是这套餐具实在脆薄易碎，他立即自行把它们打破，趁早别让自己动辄为此事跟仆人发脾气。

同样，我有意避免让自己的事务关系不清，也不想把我的财产跟我的亲戚与有深交的朋友沾上边，疏远与纠纷一般都是从这里产生的。从前我喜欢玩牌和掷骰子这类靠运气的游戏，也在很久以前戒除了，只是因为输了不管脸部表情怎么样，心里总不免有点疙瘩。一个自尊的人遇到撒谎和冒犯会想不开，也不会把这看作是一件蠢事而心中释然，这样的人应该避开暧昧和易起争执的事找上门来。

愁眉苦脸的人，易发脾气的人，我躲之唯恐不及，像见了瘟疫病人一样；对于不能无私和坦然对待的言论，若不为职责所逼，我也不参与。

> 开始就不做比中途停下不做要省心得多。
>
> ——塞涅卡

最可靠的方式是未雨绸缪，事前防备。

我自然知道有的贤哲走另一条道路，他们不怕同时遇到许多事去面对和解决其中的要害问题。这些人自信有力量，依靠它抵挡一切来犯之敌，以毅力与耐性跟逆运搏斗：

> 犹如大海中的一块巨石，
> 面对狂风怒涛，
> 不怕白浪滔天，风吹雨打，
> 宛自屹然不动……
>
> ——维吉尔

我们不要搬弄这些例子；我们永远望尘莫及。他们执意要看个究竟，不会为国家的毁灭而心烦意乱，因为这掌握和控制着他们的整个意志。我们这些普通人，承受不了这样的力量与严酷。小加图为此放弃了他无比高尚的一生。对于我们这些小人物，暴风雨应该远远躲开。我们必须敏感，而不是忍耐，避开我们不知抵御的打击。

芝诺看到他喜爱的青年克莱莫尼代斯走近来，在他身边坐下，突然站起身。克里昂特斯问他原因，他说：“我听医生再三叮嘱要休息，不让任何部位激动。”苏格拉底不说：不要向美色的诱惑投降，要抗拒，要反击。而说：赶快逃离，跑出它的视线范围，不要跟它相逢，犹如躲开从远处抛过来打人的剧毒药。

他的一位好学生，编造或是叙述（我的意见是叙述多于编造）那位大居鲁士罕见的美德，说他提防自己没有力量去抵挡他的女奴、著名的绝代美人庞蒂娅的诱惑，就让另一位没他那么有自由的人去探望和看管她。《圣经》也这么说：“不叫我们遇见试探。”我们在祈祷中不说，让我们的理智不要被美色打倒和征服，而是说我们的理智连试探也不要试探，不要让我们落到这个地步，由着罪恶接近、挑逗和诱惑而叫苦连天，祈求我们的主让我们的心保持宁静，彻底完全摆脱恶人的骚扰。

有人说他们战胜了复仇的情欲，或者其他难以克服的类似情欲，说的是目前的实情，不是以前的实情。他们对我们说起时，他们错误的原因都是他们自己造成和夸大的。但是回溯以前，再从根源上去探讨原因，那时你就会看到他们不是无可指摘的。他们是否要说从前犯的错误在现在看来也就小了，从一个错误的开始会产生一个正确的结果？

谁像我一样希望国家兴旺，而又不为之生溃疡病和消瘦，看到国家遭到破坏或经历一个破坏力并不稍减的时期，会不开心但不会发抖。

这艘可怜的船，波涛、海风

与领航都对它另有所图！

——布坎南

谁不张口结舌对君王的恩宠有所求，看作是生命中不可或缺的东西，那么看到他们面貌冷淡，接待怠慢，心思变化无常，也就不会太介意。谁不甘心为人奴似的溺爱儿女和追求名利，那么失去后也不会生活不自在。谁做好事主要为了自我满足，那么看到人家诋毁他的行为，攻击他的善举也就不会困扰。有点儿耐性这些烦恼都是可以消除的。

我用这个药方效果就很好，烦恼一冒头就把它轻易化解，从而觉得避过了许多劳苦与困难。激情初起时只费一点力就可予以制止，问题开始感到棘手还未折腾我以前便抛下不顾。起跑止不住，奔跑也就停不下。不知道把它们拒之门外，以后也难把它们赶出门外。不能赢在开头也就不能赢在最后。控制不了晃动也止住不了坠落。

人一脱离理智，情欲就自由漂流；人性的弱点自以为是，鲁莽地进入大海深处，再也找不到避风港栖身。

——西塞罗

我及时感到微风吹入心中进行试探，发出声响——这是暴风雨的朕兆：

心灵早在征服以前便已动摇。

——佚名

如同微风吹起，

树木索索抖，咆哮渐渐声响，

向水手预报暴风雨即将来临。

——维吉尔

一个世纪以来，世事纷扰，阴谋诡计不断，我天性对此深恶痛绝，超过切身受到严刑和火烤；多少次我对待自己明显不公，是为了避免风险从法官那里遭受更大的不公？

为了避免诉讼，应该不遗余力、甚至要超出能力去做一切。因为放弃一些自己的权利不但是件好事，有时还是件有利的事。

——西塞罗

我们要是聪明的话，就应该高兴和夸奖，如同有一天我听到一位大家族子弟天真地逢人便庆贺他的妈刚打输了一场官司，就像摆脱了咳嗽、发烧或其他久治不愈的病。命运之神赐给我的这些恩宠，若有赖于有权柄者的亲谊和交情，我努力根据良心有意回避，不去利用来伤害别人，也不在正当的范围外实施自己的权利。

总之，我白大有那么多的工作要做(幸好我还能这么说)，至少还没有上过一次公堂，也没有发生过一场口角。尽管我若愿意的话，好几次我可以师出有名，为自己的好处打上几场官司。我不久就要过完长长的一生，没有遇到或给过人家严重的伤害，除了自己的名字以外也没有其他恶名：上天少有的恩泽。

引起我们最大纷争的动机与原因都很可笑。我们最后一位勃艮第公爵就为了一车子羊皮跟人吵架，造成了多少废墟[6]？这颗地球遭受的最可怕的灾难，其最初的主要起因不就是为了一枚纹章上的图案么[7]？而庞培与恺撒只是前两位的后辈与效法者而已。我在自己那个时代见过国王议院中最智慧的人物，花费公帑大摆场面签订条约与协议，其实真正的决策取决于具有至高权威的夫人内阁的闲谈和几位小女人的爱好。诗人们深解其中真意，因而说为了一只苹果把希腊和亚洲陷于血泊火海之中[8]。且看那个人为什么提了宝剑，揣了匕首，拿自己的荣誉与生命去碰运气；让他给你们说说这场争论是怎么引起的，他告诉你不会不脸红，因为原因实在太无聊了。

一开始，只需要有点见识便可消弭争端；但是一旦上了船，各种缆绳都在拉扯。这时需要有大气魄，那要困难和严重多了。真是上船容易下船难啊！应该从反面去学习芦苇生长之道，芦苇第一节很长很直；但是接着好像疲倦喘不过气来，节子短而密，仿佛停顿，已没有最初的活力与坚韧。应该在开始时仔细冷静，把耐力与冲动留到工作关键与完成的阶段。事件初起时可由我们指导，随我们的心意发展。但是后来当它们发动后，是它们指导我们、控制我们，我们只有跟在它们后面去。

然而这不是说这个忠告给我解除了一切困难，我经常不用费多少力气就可降服和控制情欲。它们并不总是按照时机、场合进行调节，有时一来还很冲动暴烈。无论如何还是可以从这个做法中节制了感情，取得了效果，除非是有些人，他们做什么好事若不沾上名声就对任何效果都不满意。

因为事实上，这样的事有没有价值全看各人自己。如果你在加入行列和事态已经明显以前就已经改宗了，你为此更快乐，但不为此更受人重视；此外还有，不单是在这件事上，而且在人生的其他一切责任上，追求荣誉的人所走的道路确实与讲究秩序与理智的人是不同的。

我见过有些人没头没脑地、奋勇地进入竞技场，奔跑中慢了下来。如普鲁塔克所说的，有人由于做了见不得人的坏事，心虚，不论人家要什么，有求必应，事后又随便食言，赖个干净；同样的，轻易加入争吵的人也会轻易退出争吵。同样一件难事，会让我望而却步，当我激动和发热时又会挑动我去干。这是一种坏习惯，因为一旦你沾上手，你必须干到底或者自己垮掉。贝亚斯[9]说："接手时随随便便，但是干起来风风火火。"缺乏谨慎会变得缺乏勇气，后者更不可忍受。

今日我们解决纷争的办法大多数很不光彩，充满谎言；我们寻求的是保全面子，于是背叛和掩饰真正的意图。我们掩盖真相；我们知道自己是怎么说过的，是什么用意，在场的人也都知道，我们要我们的朋友感到我们的优势。我们隐瞒自己的想法，为了达成协议靠虚伪去拣便宜，这损害了我们的坦诚和光明磊落的名声。为了挽回我们作出的否定，我们又一次否定自己。这不应该光看你的行动或你的言辞有没有另外解释；此后不管要你付出多大代价应该维持你的真正诚意的解释。人家在对着你的品德、对着你的良心说话，这两样东西是戴不上假面具的。让那些卑劣手段和权宜之计应用在法庭诉讼中吧。

我看到为了弥补不当行为天天有人道歉与谢罪，而我觉得这些道歉与谢罪比不当行为本身还要丑恶。宁可再羞辱对手一次，也比向他作出这样的弥补来羞辱自己好。你在火头上顶撞了他，恢复冷静与理智后又去安抚他、讨好他，这样你后退得比前进的还多。我认为一位贵族不论说什么坏话，也不及他在强权的逼迫下否定前言那么可耻。一位贵族固执己见要比胆小怕死更可原谅。

情欲要我节制容易，要我避免则难。

从心灵中剔除要比克制容易得多。

——佚名

谁不能达到斯多葛派的那种高贵的无动于衷，那让他求助于我这种黎民的愚钝。那些人做这个靠的是品德，我做这个靠的是性情调养。中心地带酝酿风暴，两端则是哲人与俗人，一心想着过的是太平安逸日子。

谁知道事情的原委，

蔑视恐惧与宿命，

和阿刻戎[10]索船资的吆喝，他就是福人！

谁认识乡村的诸神，

牧神、老乡神和仙女姐妹，他也是福人！

——维吉尔

一切事物诞生时都是柔弱的。可是应该睁大眼睛看着初始之时。因为小时不发现它的危害性，大时就会找不到医治之药。我抱有野心时，每天遇到千万个难题不容易解决，还不如在内心油然产生这个想法时，毅然把它抑止，这要容易得多：

我有理由害怕

抬起头被人远远看在眼里。

——贺拉斯

一切公开活动都会招来不确定与莫衷一是的看法，因为评判的脑袋太多了。有人提到我担任这个城市的职位（我也很高兴能对此说上一句，不是这工作值得一谈，而是表示我在这类事情上的做法），说我在工作上缺少魄力，做事慢条斯理；他们倒离开表面现象不远。

我试图让自己的心灵与思想保持平静。

天性本来就爱静，今日年老更其如此。

——西塞罗

有时我的思想一放肆给人留下粗鲁激烈的印象，这实在不是我的初衷。至于我天性慢条斯理，不要从中得出这是我无能的证据（因为不着急与不关注是两回事），更不要认为这是我对波尔多市民的漠视和忘恩负义。他们在认识我的前后，利用手中掌握的一切大大小小的方法来拥戴我，第二次推选我时比第一次还踊跃。

我愿他们一切都称心如意，当然任何时刻我会尽心尽力为他们效劳。我为他们就像为我自己竭尽忠诚。这是善良的人民，慷慨好义，也能服从与守纪律，若善于诱导必成大事。人们还说我在职时一切既不突出也无痕迹。这是好事，当大家都在兢兢业业工作时自然会嫌我没事好做的了。

我受意志驱使时做事雷厉风行。但是这却是坚韧不拔的大敌。谁根据我的特长使用我，那就给我分派需要活力与自由的工作，做法直率，历时不太久，可以含风险，这样的事我可以有所作为。如果时间长，繁琐，辛苦，需要装模作样，转弯抹角，那不如另请高明了。

并不是一切重要的差使都是艰难的。事情如果确实需要，我会作出吃苦耐劳的准备。因为我还是尽本分去多做和做我不爱做的事。我自己知道，凡是我有责任去做的事不曾半途而废过。那些职责与野心不分的事，以职责的名义来掩盖野心的事，我很容易忘记。但往往是这些事情听在耳里，看在眼里，人人皆大欢喜。可以出彩的不是事情本身，而是表面文章。他们若听不到声音，还以为大家都睡着了。

我跟爱喧闹的人完全是两个性子。我能够制乱而自己不乱，惩罚捣乱秩序者而自己心情不变。我要不要发怒和大光其火？偶尔用来装装样子。我的脾气温和，失之于软，不急躁。一位官员闲着我不怪他，只要他手下人也闲着，法律也闲着。我赞赏生活顺溜低调，不喧声，

不卑不亢不堕落。

——西塞罗

命运也要求我如此。我出身的家庭，过得平平淡淡，不事声张，历代讲究门风敦厚。

我们这个时代的人养成了浮躁、爱出风头的性格，以致不再注意善良、节制、平等，恒心以及宁静无为的品质。丑事到处可见，好事了无影踪，病态满目皆是，健康则很罕见。令人高兴的事也就无法与令人伤心的事相比。把会议室可做的事放在大庭广众面前做，把前一夜能做的事放到白天中午做，同事可以做好的事恨不得自己来做，这样做是为了

沽名钓誉和个人利益，不是为了对工作有利。就像希腊某些外科大夫，用木板搭台，在行人众目睽睽之下表演他们的开刀手术，目的是熟练技术招揽顾客。他们认为大吹大擂才能让人听到事情得到良好解决。

野心不是小人物的一种罪行，也不是我们花力气所能实现的。有人对亚历山大说："令尊给您留下了一大片易于治理的和平疆土。"但是这个孩子羡慕父亲的武功与他的政策的正义性。但是他不甘心懒洋洋太平无事地管理世界帝国。在柏拉图的著作中，亚西比得宁可在年轻英俊、富有、高贵、极有学问时死去，也不愿在这个阶段停滞不前。

这样胸襟气魄的人身上有这个毛病可能是可以原谅的。但是那些侏儒、鼠辈小人也要沐猴而冠，以为判对了一桩案子或者维持了城门前的秩序，就可以名扬天下，真是要想出头反而露出了屁股。这种微不足道的好事既无分量也无生命力，一说出口最多传到下一条街口就烟消云散了。跟你的儿子与仆人去侃这号事吧。就像那位古人，见没有人听他的吹嘘，承认他的勇敢，就对着他的女仆大叫："佩莱特啊，你的主人真是个儒雅的人哪！"

连这个也办不到的话，那就跟你自己去说吧，就像我认识的一位参政员，他聚精会神又蠢到极点地照本宣读一连串段落后，抽身离开议事厅到了宫里的小便池，只听到他认真地念念有词：

> 主啊，荣耀不要归于我们，不要归于我们，要因你的慈爱和诚实归在你的名下。
>
> ——《旧约·诗篇》

谁若不能从别处得到，就只能自掏腰包了。

好名声可不是贱价出售的。它来自难能可贵的表率行为，决不允许日常数不清的琐碎小事来凑热闹。草草修好一堵墙头或者挖通路旁的水沟，仅可把名字刻在大理石上对你歌功颂德一番，但是人是有感觉的，他们不会这样做。好事并不是做了以后都有反应的，这要求它艰巨和非同一般。据斯多葛派的看法，任何出自美德的行为根本不要求得到人家注意。有个人清心寡欲，拒绝一个满目眼屎的老太婆，他们认为对这样的人有什么可以感慨的呢。有人承认阿非利加西庇阿的高尚品质，但是拒绝珀尼西厄斯要给予他荣誉，称赞他谢绝重赏的做法，因为这样的荣誉感不是他一人独有的，而是他的时代共有的。

我们享有的福乐跟我们的命运是一致的。不要妄想大人物的福乐。我们的福乐更自然，因而也比他们的更稳固更可靠。即使不是从良心至少也要从野心出发去拒绝野心。要蔑视对虚名浮誉的贪图，这些是要我们低声下气向各式各样人物去讨好的。不择手段，不计代价，

在市场能买到的光荣是什么玩意儿？

——西塞罗

这样得来的荣誉是不荣誉。我们要学会没有能力赢得光荣也就不要贪图光荣。做了一件有用无谓的事神气活现，这是对这类事大惊小怪的人才会这样。这让他们付出代价，于是要提高它的身价。一件好事愈是叫得响，我愈是贬低其中的好意，会怀疑这是做了扬名而不是行善。抖落到大众面前已算是一半被出卖了。这类行为若由做的人不经

意间悄悄泄漏出来，然后有好事者核实后露出了水面，让它们自行不胫而走，这才有点意思。

我认为，不事声张、不忌讳人家怎么说的情景下做的事最值得赞扬。

——西塞罗

那位世上最神气的人是这么说的。

我只求事物的维持与存在，这都是无声无息、悄然进行的。革新引人注目，但是目前迫于形势，抗拒新兴事物，革新也就遭到了禁止。悠着做有时跟做一样高尚，但是悠着做就较少公开。我能贡献的绵薄之力也差不多在这方面。总之，选我上任的时机符合我的性情作风，我为此非常感激。

有谁为了看医治病而希望自己生病的呢？若有医生为了表现他的医术而让我们得上瘟疫，不是应该抽鞭子吗？我决没有这种不健康但颇为普遍的心理，希望这座城市动荡不安、百业凋敝，来显示我施政高明。我脚踏实地为市民安居乐业贡献力量。我工作时按部就班，冷清清，静悄悄，有人对此不以为然，但是他无法改变我有幸担任此职位奉行属于我的工作作风。

我生来是这样的人，喜欢自己既幸运又聪明，有所成就既归功于上帝的恩宠，也有赖于自己的工作参与。我也曾苦口婆心向大众说到我才疏学浅难以担任这项公职。比才疏学浅更糟的是我并不嫌弃才疏学浅，也不思改变才疏学浅，由于我已习惯于这样的生活。我对自己的政绩也不满意，但是当初对自己定下要做的事差不多都做了，对别人许愿要做的事还大大超过；因为我愿意答应的事要少于我能做的和希望完成的事。我要肯定自己没有留下冒犯和憎恨。至于留下对我的遗憾和希望，我至少知道自己并不十分在乎：

> 我能信任这奇妙的宁静吗？
>
> 我能忘记风平浪静的海水下
>
> 隐藏的是什么吗？
>
> ——维吉尔

注释

[1] 巴克科斯，罗马神话中的酒神。

[2] 斯塔蒂乌斯(约45—96)，古罗马著名史诗和抒情诗诗人之一。

[3] 昆图斯·库提乌斯(公元前65—前8)，奥古斯都时期最主要的讽刺诗人、抒情诗人和文艺批评家。

[4] 格列高利十三世教皇改革儒略历，实际减去11天，后世称格列历，法国在1582年实施。——译者注

[5] 佩特罗尼乌斯(?—66)，古罗马作家。

[6] 影射勃艮第公爵查理(大胆者)对瑞士人的战争。起因是一个瑞士人经过罗蒙大人的领地，被他抢去了一车羊皮。——译者注

[7] 苏拉战胜努米底亚国王朱古达，要在纹章上刻图案纪念这次凯旋，此举引起马略嫉妒，遂成嫌隙。——译者注

[8] 指希腊神话中，帕里斯评判金苹果属于谁的故事，引起特洛伊战争。——译者注

[9] 贝亚斯(约前570)，古希腊七贤之一。

[10] 据希腊神话，渡亡灵过冥河的船夫。——译者注

论阅历

没有一种欲望比求知的欲望更自然。我们尝试一切可以达到求知的方法。当理智够不上时，我们就使用经验，

不同的实验积累经验，产生知识，

范例指引道路。

——马尼利乌斯[1]

经验是一种较弱、较不受重视的方法；但是真理是这么一件大事，我们不应轻视任何指引我们通往真理的媒介。理智的形式五花八门，使我们不知道怎样取舍，经验的形式也不见得更少。看到事物的相似就从中得出结论是不可靠的，尤其因为事物总是不相似的。事物的面目中若说有什么普遍性的话，那就是它们各有差异，互不相同。

希腊人、拉丁人和我们，都拿鸡蛋形状作为最明显的相似性例子[2]。然而也有人，尤其那位德尔斐人[3]，辨别得出鸡蛋的不同之处，决不会把两只鸡蛋认错。他养了不少母鸡，还知道哪只蛋是哪个鸡生的。

我们的作品在形成过程中就产生了相异性，人工绝对达不到相同模样。扑克制造商贝罗泽和任何人都不可能把扑克牌的背面做到光洁无疵，让赌徒眼睛盯着发牌时认不出区别来。相像不会完全一样，相异则完全两样。大自然必然承诺过要创造就创造不一样的东西。

可能那位查士丁尼一世[4]皇帝的看法我也不大欣赏，他的《国法大全》把法律化整为零，弄得复杂繁琐来限制法官的权柄。他没有看到法官按照自己的方法还是有同样的自由与空间去解释法律的。那些人还在嘲笑呢，他们用《圣经》上说得明明白白的话提醒我们，来限制与终止辩论。尤其因为我们的思想在检验别人的意思与表达自己的意思时都有同样的广阔天地，曲解仿佛也没有胡说八道那么耸人听闻与恶劣。

我们看到他是大错特错了。因为在我们法国，法律条文要比世上其他各国的总和还多，解决伊壁鸠鲁的所有原子世界还绰绰有余，

> 从前是丑闻，今日是法律，都是人间祸害。
>
> ——塔西佗

我们听任我们的法官来谈看法和做决定，以前还从来不存在这么强大与无所约束的自由。选择 10 万件不同的案例，用上 10 万条法律条例，我们的立法官这样做又得到了什么呢？

从人类行为无限的差异来说，这个数目实在微不足道。我们的法律再是成倍增加也跟不上案情的不断变化。就是把法律条例再乘以一百吧，以后发生的案子中也找不出一件，会在我们筛选归档的千万件案子中，遇见另一件跟它完全吻合无异的，这里面总有一些情境与过程的

差别，需要对此作出不同的考虑与判决。

我们的行为处在永恒的变动中，与固定不变的法律不大能够联结配合。最令人期望的法律是条文最少、最简单、最笼统的那种法律；我还这样相信，像我们这里这么庞杂的法律还不如没有法律的好。

大自然给我们制订的法规，总比我们给自己制订的法规更叫人幸福。诗人对黄金时代的描述，我们看到那些没有其他法规的民族的生活状态，就是明证。有的民族审判案件，是请第一个沿他们的山岭走来的过路人当法官。还有的是在集市那天，选出一个赶集人，当即把一切案子都审完。让最贤明的人当场凭眼力，不援用先例，不考虑后果，把我们的案件都一次审完，这有什么危险吗？正是什么样的脚套什么样的鞋。

西班牙斐迪南国王向西印度群岛殖民地移民，作出英明的决定，不许带去学法律的学生，担心这个新世界自后诉讼不断，因为这门学科就其本质来说就是口角与分裂的源泉。柏拉图说得对，法学家和医生都是国家的祸害。

我们的日常语言用在其他方面都那么轻松，为什么一写上了合同与遗嘱就变得晦涩难懂？那个人不论口头与书写都表达清楚明白，为什么在法律上说个什么就没法不引起怀疑与反驳呢？要不就是精于此道的讼师小心翼翼，字斟句酌，用词谨严，笔法圆滑，每个音节都要掂量，每个组合都要剖析以致细针密缕，话中有话，似有所指又无所指，对不上任何语言的规则和规定，叫人看了简直不知所云。

一切分裂成了尘土，也就难于分辨了。

——塞涅卡

谁见过孩子想把一团水银挤成一大堆水银珠吗？他们把水银挤得愈凶，愈要按照自己的意愿要它就范，这个生性豪爽的金属愈向往自由，躲开他们的逼迫，缩小分散，数也数不清楚。同样道理，抠字眼儿，钻牛角尖，只会叫人加深怀疑；让大家增加和混淆困难，纷争不已。扩散问题又细分问题，这让世界上冲突层出不穷，充满不安定。就像泥土，翻得愈深愈细，愈会长庄稼。

知识制造困难。

——昆体良

我们以前怀疑罗马法学家乌尔皮恩[5]，现在还怀疑巴尔道吕和巴尔杜斯。这些数不胜数的意见分歧的痕迹应该一笔抹去，不要舞文弄墨，装进后代人的脑袋。

我不知道对此该说些什么，但是凭经验觉得过多的说明反而冲淡和破坏实情。亚里士多德写文章是为了让人了解，他若做不到这一点，别人更做不到了，因为他在谈自己的想法，别人在这方面怎么会比他能干呢。我们打开物质，浸泡稀释；我们把一件事划分成一千件事，又增加又细分，跌入了伊壁鸠鲁的无限原子说中。

从来没有两个人对同一件事作出相同的判断，也不可能见到两个意见是一模一样的，不但在不同人身上，就是在不同时间的同一人身上也见不到。一般来说，评论家不屑谈论的事我会对之怀疑。我更容易在平地上跌跤，就像我知道有些马在康庄大道上更会失前蹄。

谁不说注解增加疑问与无知，既然不论是关于人和神的任何哪部书，全世界都忙着在阐述，从没提出过解决难题的解释？第一百位注疏者把书交给下一位时，那部书比第一人读的时候更多疑点、更难懂。什么时候我们一致同意说这部书的注解已经够多，再也不用对它谈论什么了呢？

在诉讼中这点看得更加清楚。我们把法律权威交给了无数博学之士，作出无数裁决，同样数目的阐释。我们是不是找到办法不再需要阐释了呢？是不是朝着太平时代有了些许进步和接近呢？是不是没有大批法律颁布初期那么需要律师与法官了呢？相反，我们模糊和掩盖了其中的真意，我们不去发现它，只是听任栅栏与障碍竖在面前。

人认识不到自己精神上的天然疾病，他一味东张西望，到处寻求，不停地在原地旋转，陷在工作中不得脱身，像我们的春蚕作茧自缚，窒息而死。

老鼠跌进了松脂堆。

——拉丁谚语

他以为远远看到了不知什么光明迹象与理想真理；但是当他往前跑去，许多困难一路上阻碍他去进行新的追求，致使他迷路和发昏。这跟伊索的狗也相差无几；它们看到海面上漂浮着像个尸体的东西，走近不了，企图喝干海水留出一条道来，把自己都咽死了。无独有偶，某位克拉特斯说到赫拉克利特的著作："读这样的作品要善于泅水"，这样他的学说的深度与广度才不致把他淹死在水底。

让我们对别人或自己猎取的知识感到满足，这只是个人的弱点使然；更有能耐的人是不会满足的。对于后来者总有空白要填补，是的，就是对于我们自己也可另辟蹊径。我们的追求是没有止境的，我们的目的完成于另一个世界。当一个人满足时，这是智力衰退的表现，颓废的标志。心胸宽阔的人从不停顿，他总是有所求，奋力勇往直前，有了成就再接再厉；他若不前进、不紧迫、不后退、不冲撞，他会半死不活的。他的追求没有期限也没有固定形式；他的养料是赞赏、追逐与朦胧向往。阿波罗就是持这样的主张，他对我们说的神谕总是一语双关、模糊不清、转弯抹角，使我们得不到要领，但是很感兴趣，忙个不停。这是一种不规则行动，永远不停歇，没有先例，没有目标。有所发现会相互鼓动，接连不断，层出不穷。

君不见一条流动的小溪，
水波滚滚没有边际，
沿着永恒的航道排成行，
后浪跟前浪，前浪让后浪。
此水推那水，
那水又追此水，
总是水流入水，
总是相同的小溪，
总是不同的水。

——拉博埃西

注释注释比注释事物更多事儿，写书的书比写其他题材的书更多问世。我们只是在相互说来说去。

书里的注释都密密麻麻，创作者则寥寥无几。

我们这些世纪最主要、最著名的学问，不就是了解有学问人的学问吗？这不是一切学习的普遍与最终的目的吗？

我们的看法都相互嫁接。第一个看法作为第二个看法的植株，第二个又为第三个看法的植株。我们这样一株接一株，从而最高的一株经常荣誉最高，其实功绩并不最大。因为它只不过比最后的一株高一节而已。

我多少次，也轻易傻乎乎地写书离题而谈到了这部书？说傻乎乎地，只因是为了这个理由要我去记忆我对其他同样做的人说过些什么。“他们屡次三番对自己的作品送去秋波，这说明他们心里爱得打颤，对它轻蔑地厉声斥责，其实只是出于母爱的含情脉脉的嗔怪”。据亚里士多德说，自我爱怜与自我贬斥都缘于同样的盛气凌人。在这方面，我应该得到宽宥，比别人有更多的自由，因为此刻我恰好在写自己、我的著作以及我的其他活动。我的课题也是对自身的颠覆，不知大家是否会接受。

我在德国看到路德[6]提出的看法引起怀疑，造成许多冲突和争执，还超过他在《圣经》问题上引起的轩然大波。

我们的争论是口头争论。我问什么是自然、享乐、圈子和更替。答案也是用语言，做到口头解决。一块石头是一个物体。但是谁再问：

“什么是物体?”——“物质。”——“物质是什么?”——这样问下去,逼得解答的人哑口无言。用一个词来解释一个词,往往更陌生。我知道什么是人,胜过我知道什么是动物,不论是有寿命的还是有理智的。为了解决一个疑点,他们给了我三个疑点:真是七头蛇妖许德拉,头砍了一个又会长出一个。

苏格拉底问梅诺什么是德操。梅诺回答说:“有男人和女人的德操,有官员和公民的德操,有儿童与老人的德操。”苏格拉底大叫:“这妙极了!我们以前只是追求德操,原来德操有一大堆。”

我们提出一个问题,人家回敬我们一大串问题。如同任何事物与任何形式不会跟另一个完全相像,也没有任何事物与任何形式跟另一个完全不像。神奇的自然融合。我们的面孔若不相像,就分不出人与兽了;我们的面孔若不是不相像,就分辨不出人与人了。

一切事物都靠某个相似性存在,一切例子都有偏差,从经验得出的事物关系总是靠不住和不完善的;我们总是从某一方面来做比较。法律就是这样为人服务,用迂回、勉强和旁敲侧击的解释凑合用到每个案件上。

道德规范,只涉及各人本身的责任尚且那么难于制订,那么管理众人的法律更是难上加难,也就不足为奇了。不妨想一想管理我们的这套法律体制,那里面错误百出,充满矛盾,真是人性愚蠢的好样本。我们在审判中有从宽与从严,这样例子比比皆是,我不知道居于中间公正的又有多少。这是身体的病态器官与畸形肢体,却是法律的本质。

有几个农民刚才匆匆过来告诉我，他们把一个人留在了我的树林里，他伤得很重，挨了上百刀，还有气，他求他们可怜给些水喝，把他扶起来。他们说他们不敢走近他，都溜了。害怕法院的人会抓住他们跟这事牵连起来。就像以前有过这种事，有几个人被撞见在一个被杀的人身边，由于没有证据、没有钱打官司证明自己是无辜的，就要对这件事故负责，弄得倾家荡产为止。我能跟他们说什么呢？肯定的是这种人道援助会使他们陷入困境。

我们发现多少无辜的人受到了惩罚，我说这话还不包括法官的错判；又有多少这样的事我们没有发现的？这事就发生在我的时代。有几个人因杀人罪被判处死刑；判决书虽未宣布，至少作出了结论和决定。这时，法官们得到邻近下级法院的官员报告，说拘留了几名罪犯，他们直言不讳干了那件凶杀案，此案无可置疑地出现了转机。于是对于是否中止和延缓执行上述几个人的死刑判决进行了讨论。大家考虑这件案子重审，其后果会拖延判决；既然定罪已经法庭通过，法官也就无悔无愧。总之一句话，这些可怜虫成了法律官样文章的牺牲品。

腓力皇帝[7]还是另一个人，也提供了一桩相似的冤案。他通过一项终审判决，罚一个人向另一个人支付大笔赔款。事后不久真相大白，是他判得极不公正。一方面要维护法律的公正，一方面要保持司法的程序。他于是维持原判，同时用自己的钱去补偿被判罚者的损失，这样使双方满意。然而他办的是一件可以弥补的意外；我说的那些人却是无可挽回地绞死了。我曾见过多少判决比罪恶还要罪恶？

这一切使我想起古人的这些见解：要做好整体不得不损害局部；要在大事上公正就会在小事上不公正。人类正义跟医药的道理是一样的，只要有效就是用对了的好药。斯多葛派认为，在许多创造物中大自然还是反对公正的。昔兰尼派[8]认为无物本身是公正的，公正是由习俗与法律形成的；狄奥多洛斯派[9]的看法是圣贤认为偷窃、亵渎、一切荒唐事对他有利就是公正的。

真是没治了。我采取的立场像亚西比得一样据普鲁塔克《亚西比得传》，他对人说，关系到他生命的事，他连自己的母亲也不信任。怎么也不能把自己交给一个决定我的脑袋的人，那时我的荣誉与生命取决于我的检察官的技巧与关心，而不是取决于我本人的无辜。我涉险进入这么一个司法机关，它可以说我做了好事，也可以说我做了坏事；我对它既可以期望也可以害怕。金钱赔偿对一个人是不够的，最好的办法是不要惹上官司。我们的司法只向我们伸出一只手，而且还是左手。不管是谁，从法庭出来总是有所损失。

中国这个帝国的制度与人文习俗，跟我们未曾有过交往与借鉴，在许多方面则比我们的做法优越；它的历史也告诉我们世界是多么广阔，多姿多彩，不是古人也不是我们所能窥透的。那里的官员受皇帝委派，作为钦差大臣巡视各省，体察民情，惩罚渎职的官员，也重赏那些尽了本职工作义务以外再有良好政绩的官员。老百姓到他们面前不单是要求保护，也为了传达民情；不单是获酬，也为了受礼。

感谢上帝，还没有一位法官作为法官跟我谈话，不论是什么案件，我的还是他人的，刑事的还是民事的。我即使连散步也没去过任何监狱。一想到它即使从外表看也很不舒服。我那么酷爱自由，谁若禁止我前往西印度群岛的任何角落，我也会在生活中明显地开心不起来。只要觉得哪里天地宽阔，我就不会甘心待在我必须躲藏的地方。

那么多人就因为跟法律发生了冲突，限制在王国里的一块方寸之地内，不许进入大城市和庭院，使用公共道路，我的上帝！看到这种情况叫我如何忍受！我为之服务的法律只要伸出指头威胁我，我立即离开去寻找其他法律，不论在哪儿。我们处在内战时期，我煞费苦心谨小慎微，其目的就是不要失去四处走动的自由。

法律所以有威信，不是因为它是公正的，而是因为它是法律。这是它权威的神秘基础；没有其他基础。这已够了。法律经常是蠢人制订的，更经常是仇恨平等又缺乏公道的人制订的，但又总是人，那些无能的、优柔寡断的笔杆子起草的。

法律有错误比什么都要严重危害四方；法律有错误也比什么都要稀松平常。谁要是因为法律是公正的而服从，那正是说他不应该服从时是不服从的。我们法国法律缺乏一致性和不成系统，助长了在免除与执行时的混乱与腐败。法律的命令那么模糊与不连贯，在法律解释、行政管理和司法执行方面的违法乱纪都可以原谅。不管我们从经验中可以得到怎样的效果，只要我们不会好好利用自己的经验，从外国范例里学到的经验不会对我们的制度有多大帮助；因为我们自己的经验我们最熟悉，也就足够指导我们需要做的是什么了。

我研究自己比研究其他题目多。这是我的形而上学,我的物理学。

上帝用什么手法管理地球这个家;

月亮在哪里升起,在哪里消失;

怎样新月、半月,终成圆月;

为什么风由风神欧洛斯起自海面;

日夜形成云雾的水又来自哪里;

这个世界是不是有朝一日会毁灭?

——普罗佩提乌斯

你这个为此冥思苦想的人,寻求答案去吧。

——卢卡努

在茫茫人海中,我浑浑噩噩任着世界的普遍规律的摆布。当我感觉了我就知道了。我的知识不会让它改变道路,它也不会为我而改弦易辙。抱着这样的希望是愚笨,为此费心是更大的愚笨,既然普遍规律必然是相像的、公有的、共同的。

地方长官的善意与能力应该让我们完全不用去为他的治理操心。

哲学探索与沉思只是为我们的好奇心提供养料。哲学家极有道理让我们回到自然的规律上,自然的规律不需要有多么深奥的学问;而哲学家故弄玄虚,向我们介绍大自然时弄得繁复庞杂,迷人眼目。于是单纯统一的课题变得千头万绪。大自然赐给我们双脚走路,也赐给我们明智去走生活的道路。明智,不是哲学家空想的明智那么巧妙、四平八稳、夸张，但是相对地简单有用，只要谁照着大自然说的去做，像个愿意稍加努力天真地、规矩地，也即自然地去做的人，都可以做得好的。以最单纯的方式信任大自然，也是信任大自然的最聪明的方式。无知与无好奇心是个多么柔软舒服保健的长枕头，让脑袋放上去好好休息吧！

我宁愿通过自己，而不是通过西塞罗了解自己。凭自己的经验，若善于学习也足够使自己变得聪明。谁能回想起自己过去暴跳如雷、气昏了头的样子，那就比阅读亚里士多德更能看清这种情欲的丑恶，对它会更恰当地嫌弃。谁能记得他经历的苦难，受过的威胁，激起他情绪变化的小事情，那就可为今后的变化、自己的处境作出准备。

对我们来说，恺撒的一生不比自己的一生更多教益。皇帝也罢，小民也罢，人人都有磕磕碰碰的一生。不妨侧耳听一听，我们相互说的也无非是我们必需的东西。谁去回忆自己多少次作出了错误的判断，因而从此不再相信自己的判断，这不是个傻瓜吗？当我听了别人的说理而误信了一个错误的看法，我不会过多琢磨他告诉我什么新东西和个人对此的无知（这仅是小收获），而是琢磨自己的无能和理解力的背叛；从而改进我的总体修养。

我对待我的其他错误也是如此，觉得这是很有用的生活守则。我不把某件事、某个人看成是块让我绊脚的石头，我琢磨的是主要提防自己的步法，努力调整。明白人家说了一句蠢话，做了一件蠢事，这没有什么大不了，应该明白我们人无非是个傻瓜，这里面的学问可大着呢。我的记忆屡屡出错，即使最自以为是的时候也会错，但这些错也不是毫无用处的；至少它信誓旦旦要我相信它时，我会摇头。我记忆中的事一遇到有人反驳，就使我心头一惊，不敢在重大事件上相信记忆，也不敢在别人的事上为记忆保证。在我是记忆不佳而做的事，别人更经常是存心不良而去做，要不然我总是会接受从人家嘴里而不是从我嘴里说出来的事实。

假如每个人留心观察自己受情欲控制的实际情况与环境，就像我观察自己深陷的情欲，他就可看到它们是如何产生的，对它们迅猛的来势略加阻挡。情欲并不是一上来就掐住我们的喉咙；威胁都是一步一步走近的。

风初起形成白色波浪，
海水慢慢涌动升高，
从海底掀起冲天的怒涛。

——维吉尔

判断徒然在我心里占据了宝座，至少它战战兢兢地往上坐。它放任我的种种欲望自行其是，还有憎恨与友谊，甚至我对自己的偏爱，但决不让自己受影响与腐蚀。它若不能按照本意去改进其他情感，至少不让其他情感来败坏它。判断完全是自主进行的。

提醒大家认识自己，这应该是意义重大的事，既然知识与光明之神阿波罗把这句话刻在他的神庙的门楣上，好像包含了他对我们的一切忠告指希腊德尔斐阿波罗神庙门楣上这句格言："认识你自己。"柏拉图也说智慧无非是去实现这条训诫。在色诺芬的作品中苏格拉底对此详加说明。

每门知识的困难与晦涩之处，只有进入堂奥的人才能窥知。而且还要有一定的聪明，知道自己毕竟是无知的，要推门才知道门对我们是关闭的。于是产生这句柏拉图妙言：知者不用探索，因为他已知；不知者也不会探索，因为要探索必须知道探索什么。然而在认识自己这个问题上，人人都那么自信和洋洋得意，人人都自忖理解得足够深刻，这说明没有人真正懂得。在色诺芬的作品中苏格拉底就是这样告诫欧提德莫斯的。

我这人不宣扬什么，只觉得学问深奥无比、变化无穷，我学习只学得了一个收获，那就是体会到学无止境。我软弱人所共知，也造成我性情谦卑，对规定我遵守的信仰唯命是从，表达意思始终冷静克制；憎恶这种令人讨厌、找人吵架的狂妄，自以为什么都对——这才是教育与真理的大敌。且听他们是怎样教育的，他们最初提出的馊主意就是给艺术风格订立清规戒律。

在感觉与认识以前先作出论断与决定，那是最见不得人的事。

——西塞罗

希腊天文学家阿里斯塔克[10]说，从前世界上仅有七位贤人，今天仅有七位愚人了。在这个时代我们不是比他更有理由说这样的话吗？断定与顽固是愚蠢的明显特征。愚人会一天一百次跌在地上狗吃屎，立刻又趾高气扬，跟以前一样坚决与自满；你可以说有人给他注入了新的灵魂与理解力，犹如那位大地之子安泰俄斯，倒在地上即可恢复精力

重新强壮，

当他接触大地，

疲劳的四肢又获得新的力量。

——卢卡努

这个倔头倔脑的人不是精神焕发后再来吵上一架吗？

我凭自身经验强调人的无知，依我看来无知是人世教育中最可靠的学问。那些人不愿意凭我个人或他们自己的一个微不足道的例子得出这样的结论，让他们通过众师之师苏格拉底来认识吧。因为哲学家安提西尼对他的弟子说："好啦，你们和我去听苏格拉底吧；在他那里我和你们一样是弟子。"他提倡他的斯多葛派教义，认为美德足够使人生美满，不需要其他东西，他又说："除非有苏格拉底的力量。"

我长期仔细观察自己，训练得对别人也可作出适当的判断。很少事情我能这么侃侃而谈，而且还中听。经常对朋友情况的观察和分析比他们自己还确切。有一位听了我对他的事说得头头是道大为惊奇，我还要他多加注意。我从童年起就会把别人的生活结合自己的生活来看，在这方面养成了勤奋的性格。当我想到这样做时，周围凡有利于我达到这个目的的事：如举止、脾气、谈吐，很少能漏过我的注意力。我研究一切应该避免的事和应该追随的事。

因而，我从朋友的表情动作发现他们的思维情绪；不是把不可悉数、那么不同和缺乏连贯的动作，归纳在某些门类里，而是把我的分门别类有区别地凑到公认的等级与部分里去，到底有多少种类，叫什么名字？

人们从不知道……

——维吉尔

学者把他们的想法分门别类，更为细致特别。我看问题不会超过我平时的学习习惯，没有规则可遵，提出看法也笼笼统统，摸索前进。比如这一条：我发表鸿论，前后章节不连贯，仿佛不能一口气把事整段说出来似的。在我们这些平凡庸俗的心灵中不存在连贯与一致。智慧是一座坚固完整的建筑，各部构件占一定的位置，有自己的标志：

唯有智慧是完全内敛而不外露的。

——西塞罗

我把这项任务交给了艺术家，不知道他们能否把这么复杂、零星、偶然的小东西理出个头绪来，由他们把这些变化无穷的面目归类，克服我们的无序不定，把它整理得有条有理。我觉得不但行动与行动之间难以连接，而且每个行动本身也很难以根据什么主要品质给予一个适当的名称，因为那些行动都有两重性，色彩驳杂。

马其顿国王佩尔修斯[11]，他的心思不会专注于一件事上，形形色色的生活都要过，作风放浪不羁，自己不理解、任何人也不理解他是怎么一个怪人，而我则觉得其实人人都是这个样。

况且，我还见过一位身份与他相等的人，相信这个结论用在他的身上还更合适[12]。他从不处在中间立场，总是从一个极端令人意想不到地跳到另一个极端，怎么做总遇到奇妙的障碍与挫折，他的想法也从不直截了当，真是匪夷所思，后人有一天要勾勒他的面貌的话，最可能的是他有意做得不可捉摸而让人去捉摸。

我们必须有一对极硬的耳朵根才能倾听别人坦率的批评；因为很少人能够听了不感到像被咬了一口，谁大了胆子向我们提出是在对我们表现特殊的友谊；因为为了对方得益而不惜说重话伤感情，这是健康的友爱。我认为对一个缺点超过优点的人进行评价很不好办。柏拉图对于审查他人心灵的人提出三点要求：知识、善意与勇气。

有时我会听到这样的问题，若有人在我还能做事的年纪想到使用我，我认为自己什么最擅长：

> 我精力充沛，年富力壮，
>
> 暮年尚未在两鬓染上白霜。
>
> ——维吉尔

我说："什么都不擅长。"我很愿意抱歉，受制于人的事什么都不会做。但是我会对我的主人说真话，他若接受还规劝他的品行。不是笼统地用教条，那个我也不会（我也没见过用教条教育的人有过什么真正上进），而是利用一切场合亦步亦趋观察他，用肉眼一桩事一桩事评判他，简单自然，绝不同于对他溜须拍马的人。让他看到他在大家眼里是怎样一个人。

我们中间有人受到那些恶棍的日夜腐蚀，也就不会比那些君王优秀。不是么，像亚历山大这样伟大的国王与哲学家，也未能幸免！我须有足够的忠诚、判断力与自由才能做到这点。这将是一种没有名分的效劳，不然就失去效果和不够磊落。这个角色不是不加区别谁都可以充当的。即使真理也没有特权在一切事物上随时随地都可使用的；使用真理不论出于多么崇高的目的，也有其区域与界限。世事就是这样，经常在君王的耳边说真话，不但不见效果，还有害，甚至还蒙冤。

别人也不会让我相信，一条好的谏言不会用到歪途上，实质的利益不应该向形式的利益屈服。我在这项工作上要安排一个乐天安命的人。

此人要做的就是他自己，

别无他求。

——马提雅尔

小康人家出身，一方面他有胆量狠狠打动一位君王的心，不怕仕途阻塞，另一方面由于是中产阶层，跟各行各业的人都容易沟通。我还要这个角色由一个人担任。因为把这种充分自由、工作通天的特权交给几个人，就会产生一种不利于工作的大不敬行为。是的，我对他的要求首先是对沉默的忠诚。

朋友直言相劝充其量也不过听了刺耳，有没有效果还是掌握在听者手里；如果国王为了自身利益与改进也不能从善如流，那么当他吹嘘自己随时等待跟敌人一战为国增光的话，也是不可信的。从人的处境来说，谁也没有比他们更需要真正与自由的诤谏。他们生活在众人面前，要按那么多旁观者的意见严格律己。对他们的倒行逆施大家历来不会向他们声张的，这样他们弄得天怒人怨还不自知，其实这种情况若有人及时提醒规劝是完全可以避免的，也决不影响他们骄奢淫逸的生活。

一般来说他们的宠臣关心自己更多于关心自己的主子。这样做于他们自己也有利，因为对国王真正做到赤胆忠心，那是严酷与充满杀机的考验；这不但需要大量的爱、坦诚，还需要非凡的勇气。

总之，我在这里东扯西拉的这份大杂烩，只是我一生试验的记录，若从反面来汲取教训对于精神健康还是有告诫作用的。至于身体健康，更是谁都不能比我提供更有益的经验，我提出的经验是纯的，决不弄虚作假使它蜕化变质。至于医学，那里理智没有立足之地，我的经验完全来自自身的感受。

提比略说活到20岁的人，有责任知道什么东西对他有益或有害，他应该学会了怎样不靠医药而生活。这可能学自苏格拉底的。苏格拉底劝他的弟子，要用心地把自己的健康作为一门主课来学习。他还说，一个善于领会的人注意锻炼、饮食，不难做到比医生更明白自己做什么好，做什么不好。医生还不就是以经验作为他行医的试金石么。

因此柏拉图说得很有道理，要做真正的医生，操此业的人必须自己体验过他要治愈的种种疾病，了解他作为诊断依据的各种情况与事件。医生若要会治梅毒，必须自己先生梅毒，这话不错。这样的医生我是真正信得过的。其他人给我们导航，就像那个人坐在一张桌子前，画出海洋、礁石和港口，万无一失地把一只船模移来移去。把他放到海里实干，他就束手无策了。他们详细分析我们的病情，就像城里的走卒吹着号子大喊走失了一匹马或一条狗：什么毛色、什么高度、什么样的耳朵；但是把它牵到面前，他就认不出来了。

上帝啊，让医生有朝一日给我手到病除，就可以看到我如何高声欢呼：

我向实用知识终于举起双手！

——贺拉斯

一切许诺我们保持身心健康的技艺，是作出了莫大的许诺；但是没有一种技艺像医药与哲学那样许愿多，还愿少的。当今这个时代，以行医为职业的人在我们中间取得的成效都不及其他人。对他们说得好听一些是卖药的，但是要说他们是医生，那就过誉了。

我一生的阅历足以把我沿用至今的方法作一总结。谁要试一试，我可以像个侍酒随从那样供他一尝。以下是我记忆所及的几件事。（我的每种方法，无不随着不同情况随时改变，但是我记录下那些最常用者，是至今依然在做的。）我的生活方式健康时与生病时都一样：同样的床、同样的作息时刻，上桌的是同样的肉与同样的饮料。我不添加什么别的，只是根据力量消耗与胃口加一点或减一点。健康对我来说就是保持习惯做法不变。

我看到疾病使我失衡偏向一边；我若信任医生，他们会拨我偏向另一边；或是命里注定，或是医生诊疗，都叫我离开我的生活轨道。可是我那么长久养成的生活习惯决不会伤害我，这一点我是深信不疑的。

生活习惯形成我们的生活方式，方式必须符合习惯的需要，方式完全听命于习惯，这是女仙喀耳刻的药酒，完全随她的心意配制成分。有许多国家，还离我们不远，认为害怕夜晚的寒气很可笑，夜寒对我们危害是很明显的；而我们的船夫与农民也不以为然。让一个德国人躺在床垫上会生病。就像意大利人躺在羽绒上，法国人不拉帐子不生火也会生病。西班牙人的胃受不了我们的吃法，我们的胃也不能像瑞士人那么喝酒。

一位德国人在奥格斯堡[13]跟我相处甚欢，他攻击我们的壁炉使用不方便，提出的论点跟我们臭骂他们的火炉如出一辙。（因为事实上，这种闷在炉里的热量，炉身材料燃烧后发出的气味，不习惯的人大多数用了都会头昏，而我则不。但是除此以外，热量均匀稳定散布全屋，看不见火焰，没有烟，也不像我们的壁炉的烟囱口有风，他们的火炉确可跟我们的壁炉媲美。我们为什么就不能模仿罗马建筑呢？因为据说从前都是在屋外生火的，热气从地基送进来，通过砌在取暖房间厚墙里的管道，传遍整个房舍。我不知在塞涅卡的哪部书里看到对此详尽的描写。）

那位德国人听到我赞美他的城市舒适美丽（确实值得赞美），开始对我即将离开而表示同情。他向我提出的最大不便之处，就是其他地方的壁炉会让我闻了头昏。他听到有人发过这样的牢骚，往我们身上套，他自己在家里习惯了也就不觉得。一切来自火的热量都使我身子软弱沉重。虽然欧努斯说生活中最美味的调料是火。我宁可用别的方法避寒取暖。

我们害怕留在桶底的葡萄酒，葡萄牙人非常喜欢这股味道，这是王爷的饮料。总之，每个民族都有不少风俗习惯，对于另一个民族来说不但闻所未闻，简直是野蛮，匪夷所思。

还有个这样的民族，他们只接受上了印刷品的见证，不相信书上没有提到的人和年代不够久远的真理，我们又该对他们做什么呢？蠢话被我们做成了铅模，就令人肃然起敬。对他说一声“我读过”，跟说一声“我听说过”，分量就不一样。但是我不相信人的嘴也不相信人的手，我知道书写的话也会与口说的话同样不谨慎，我对这个世纪跟对以往任何一个世纪同样尊重。我援引奥吕斯·吉里乌斯[14]或马克罗比乌斯[15]，同样乐意援引我的一位朋友；援引我读到的也援引他们写到的。正如他们主张美德并不因更长久而更高尚，我同样主张真理并不因更古老而更智慧。

我常说，跟着外国经院的范例后面跑，那是纯然的愚蠢。当今这些范例跟荷马和柏拉图时代同样丰富。但是我们更引以为荣的岂不是到处引证，而不是阐发其中的真理？仿佛从瓦斯科桑或勃朗廷书坊里去借论证，要比在我们村子里看到的真事更为重要。

或者说是我们不够聪敏，没把发生在眼前的事分析提炼，迅速判断使之成为范例？因为，假如我们说我们缺乏权威性，无法给我们的证据立信，那就说得毫无道理。尤其从我的观点来看，最平常、最普通、最熟知的事，如果我们能从中找出其精华，就可以成为最伟大的人世奇迹、最佳的范例，尤其对人类活动这个大题目来说。

关于我的题目，且不说从书里看来的例子，亚里士多德谈到阿尔戈斯人安德鲁斯，说他穿越干旱的利比亚沙漠不喝一口水这件事。而说有一位贵族，曾出色完成多项任务，在我面前说他在盛夏季节从马德里到里斯本没有喝水。他这个年纪身体可算健康，生活中唯一与人不同之处就是——他对我这样说——可以两月、三月甚至一年不喝水。他感到口渴，但是他忍着让它过去，说这种口渴感很快自行消失。他喝东西是出于高兴，而不是需要或乐趣。

还有一个例子。不久前我遇到法国一位家道殷实的大学者之一，他在一间挂满壁毯的客厅角落里读书，周围仆人毫无顾忌地大声嚷嚷。他对我说——塞涅卡也差不多说过同样的话——这种喧嚣使他得益匪浅，仿佛吵闹声逼得他思想内敛，更好默想，声浪激发他的思潮在心中回荡。

他在帕多瓦[16]念过书，他的书房大多数时间都受广场上人马喧嚣声的冲击，他训练自己不但不受其影响，还利用噪声更好地读书。

亚西比得奇怪苏格拉底怎么受得了妻子终日吵吵嚷嚷发脾气，苏格拉底对他说："就像大家已经听惯了打井水的轱辘声。"我恰巧相反，我的思想灵敏，很容易入定；当我冥思苦想时，轻微的苍蝇嗡嗡声就会扰乱我。

塞涅卡年轻时，紧紧咬住塞克斯都[17]的例子不放，却坚决不张口吃杀死的东西，据他说开开心心地戒了一年时间。后来所以放弃是因为被人怀疑他是在奉行哪个新宗教传播的戒律。同时他接受斯多葛派阿塔罗斯[18]的一句箴言，不再睡往下陷的软床垫，直到晚年都挺直身体睡硬床垫。他那个时代让他觉得艰苦的习惯，我们这个时代还觉得温柔呢。

且看我的干粗活工人与我的生活差别。就是斯基泰人与印度人也不见得离我的强度与方式那么远。我领回来几个在乞讨的孩子给我干活，他们不久就抛下我的供养和号衣离开了，只是为了要过原来的生活。我发现其中一个后来就在路边寻找蜗牛当饭吃，我就是求他、威胁他都无法叫他放弃贫苦生活的惬意舒适。

乞丐像富人有自己的豪华与享乐，据说，还有自己的尊严与政治等级。这是习惯使然。习惯不但可以把我们塑造成它喜欢的模式（可是贤人[19]说我们必须投入最好的模式，今后给自己带来方便），也要会适合变化与曲折，这是最崇高、最有用的学习。最佳的身体素质是柔软不僵硬，我的有些爱好比别人更率性、平凡和逍遥自在；但是我不用费力就可转过身，轻而易举地采用相反的方式。一个年轻人应该打乱自己的规则去激发自己的活力，防止衰退沉湎。靠规则与纪律约束的生活方式是最蠢、最脆弱的生活方式。

为了让人担到第一块里程碑前，
他要问书上说几点钟最好。眼睛碰上了
有点痛呢？先问相书！然后再上药膏。

——朱维纳利斯

他时常要走一走极端，听我这样劝告没错。不然稍一放纵便会毁了他；

跟人交往时格格不入，难以融洽。正直人最要不得的品质就是娇气，在人前行为怪异。不灵活圆通就是怪异。由于无能而让别人做，或者不敢做同伴在做的事，都是可耻的。这样的人还是待在自己的厨房里吧！到哪儿都是不体面的。对于军人则是恶劣和不可容忍的，军人如菲洛皮门[20]说的，应该习惯形形色色、变化无常的生活。

尽管我修身养性，尽量做到自由与不动心，但是步入暮年时也会有意无意地拘泥于某些做法（我的年纪已难于再教育，从此除了保持现状也没有其他考虑了），习惯也不知不觉地在我身上打下烙印，有些事若要摆脱在我也可以称为是走极端。这不用试验；我白天睡不着觉；两餐之间不吃点心；不吃早饭；隔了很久才上床，比如晚饭后要整整三小时；总是在睡觉之前繁殖后代，也不站着做爱；有了汗就要擦；不喝纯水或纯酒；不能长时间不戴头巾；不在晚饭后理发；不戴手套就像不穿衬衣一样不舒服；饭后起床后要盥洗；床上的帐顶与帐篷，都像是生活必需品。

我用餐不铺桌布，但是不像德国人那样用白餐巾就很不舒适，我又比他们和意大利人更容易弄脏；很少用调羹和叉子[21]。我看到有人模仿王室的做法，吃一道菜换一块餐巾，就像换盘子一样，可惜我们没有跟上。我们还听说这位吃苦耐劳的军人马略年老时喝酒变得非常娇气，只用自己专用的杯子。我也渐渐用一只特定形式的玻璃杯；不愿用普通玻璃杯，也不愿从一个普通人手里接过酒喝。跟透明发亮的材料相比，我不喜欢一切金属。我让眼睛也得到充分享受。

我这许多弱点是娇生惯养而来的。大自然也带给我另一些弱点：一天中受不了吃两顿饱餐，不然就撑胃；也不能少了一顿不吃，不然肚子就胀气，嘴巴发干，胃口败坏；待在夜露中太久身子会不适。因为几年以来在军队里服役，经常整夜忙碌，五六小时后胃开始难受，引起剧烈头痛，不到天明就要呕吐。别人去吃早饭时我去睡觉，过后我又像平时一样生龙活虎。

我一直听人说露水入夜才开始扩散；但是过去几年和一位贵族相从甚密，他满脑子这个想法，认为日落前一两小时阳光斜射时露水最凉最伤身体；他小心躲避这时的露水而不怕夜里的露水。他让我铭记在脑子里的是他的感觉不是他的道理。

怎么，怀疑与探索也会冲击我们的想象，改变我们的心态？那些人突然顺着这些斜坡冲下去，都是在自我毁灭。我怜悯许多乡绅，他们由于医生的碌碌无为，虽然年纪轻轻、身体健全也把自己禁锢在家里。其实宁可患感冒也不要退席，从此放弃很风行的大伙儿灯下闲谈。这种学问要不得，向我们贬斥一天中最美妙的时刻。我们应该用尽一切方法扩大我们的占有。人经常在坚持中坚强，增进自己的体质，就像恺撒不断用蔑视与斗争来医治他的癫痫病。我们应该采纳最好的规则，但是不要被它们奴役，除非其中哪一条是绝对必要遵从的。

国王与哲学家要解手，夫人们也如此。公众生活应该举行仪式；我个人生活是私密行为，享受自然豁免权；军人与加斯科涅人在这两种品质上有欠谨慎。因而我对这个行为要说的是：还是把它挪到夜间某个特定的时间内，像我以前那样强迫它按照我的习惯做，而不是像我老来强迫自己按照它的习惯做，要有特殊的方便地点和便桶实行服务，防止时间一长气亏不畅。这毕竟是最肮脏的生活服务，要求多加小心做得干净利落难道不可原谅吗？

人天生是爱美爱清洁的动物。

——塞涅卡

在所有天然动作中，我最不能忍受中途停止的就是这个动作。我见到许多人在打仗时受不了肚子闹别扭。我的肚子和我若不遇上了急事与生病的麻烦，从不耽误跳下床去及时报到。

我以前说过，我不认为病人待在哪里会比待在他养育与成长的生活环境里更感觉安全。变化不论是什么样的都使人惊慌受损。佩里戈尔人或卢加人吃栗子有害，山里人喝牛奶无益，你相信么。你向他们宣布的不但是闻所未闻、还是相反的生活方式！这种变化连健康的人都忍受不了。命令一位布列塔尼七旬老人光喝水，把一名水手关进蒸气室，不许巴斯克[22]仆人去闲逛；这是剥夺了他们的行动，也就是剥夺了空气与阳光。

活着就是一切吗？

——佚名

不许按照自己的习惯生活，

活着也是不活着……

得不到阳光照耀与空气呼吸，

这样的人还是活人吗？

——马克西米安[23]

医生即使不做别的好事，至少也让病人早早作好准备去死，逐渐破坏和切除他们对生命的享用。

不论健康还是得病，食欲来了我就高高兴兴吃。我把大权授予我的欲望与爱好。我不喜欢以病治病，讨厌比疾病还折磨人的药物。动辄拉肚子与动辄放弃吃牡蛎的乐趣，这两种痛苦其实是同一种。一方面生病教人难受，另一方面忌食教人难忍。既然失算不失算都要碰运气，还不如先快活后再去碰运气。这个世界的事都是相反的，要想到有用的东西没有不难的；不难的东西又是不可信的。

幸而我对许多东西的胃口都与我肠胃的健康协调一致。年轻时爱吃味浓性辣的东西；后来胃感到不适，味觉也跟着胃口走。葡萄酒对病体有害，这也是我的嘴巴嫌弃的第一件东西，嫌弃之情不可以克服。我不高兴接受的东西对我都有害，我如饥似渴快快活活接受的东西对我都有益。做我开心的事从不让我感到损失了什么。因而我对医药的结论很大程度上以自己的兴趣为转移。我年轻时，

丘比特在我周围飞翔，

穿着红袍子光彩夺目。

——卡图鲁斯

我和其他人一样，受欲望支配，落拓不羁。

我也曾战斗过，不无光荣。

——贺拉斯

是坚忍不拔，而不是猛攻猛打：

我很少记得超过六次。

——奥维德

说起来既是不幸也是奇迹，我小小年纪已第一次受到它的征服。这确是偶然发生的，因为离我懂事和有主见的年龄还很长。那么久远的事我已记不清了。可以把我的命运跟卡尔蒂亚相比，她对自己的童贞一点没有记忆。

腋下长毛，嘴上长髭，

母亲很惊讶我的早熟。

——马提雅尔

病人突然有强烈的欲望，医生一般事前有效地布置对策；不可能把强烈的欲望想象得太离奇太邪恶，连自然规律也用不上。还有如何又能满足我们的幻想？依我的看法这玩意儿压倒一切，至少比其他一切重要。最痛苦与最常见的病都是幻想造成的。西班牙人这句话在好几层意义上让我觉得有趣："上帝不许我理睬自己。"

生病时我徒喊奈何，就是没有欲望让我兴高采烈去满足。医药也无法使我改变。健康时我也一样，看不到有什么可以盼望与期待的。连得欲望也疲惫不堪，是够可怜的了。

医学不是那么死板，让我们不论做什么都没有一点权威性。这事根据气候和月亮，根据法奈尔[24]和埃斯卡拉[25]而变化。要是你的医生觉得你睡觉、喝酒或吃某种肉不好，不要着急，我给你另找一位跟他意见不合的医生。医学理论与医疗方法莫衷一是，关系到各个学科。我看到一个可怜的病人为了治病口渴得死去活来，后来遭到另一位医生的嘲笑，说那种疗法根本是有害的。他吃这个苦有道理吗？这个行业有一个人最近患结石病死去，他曾用极端禁食的方法来治这个病；他的朋友说禁食反而使他骨瘦如柴，把他肾脏里的结石熬得更硬了。

我还注意到，我受伤和生病时，说话给我造成的激动与危害跟我面临的病情一样大。因为我要用力气喊得响，说话使我体力消耗很大。以致我有重大事件要凑近大人物的耳边说时，时常会让他们不要介意提醒我压低声音。

有一则故事使我觉得很有趣。某所希腊学校里，有个人说话声音跟我一样很响；司仪派人关照他说得轻些，他说："让他给我定个调子我该怎么说。"另一位反驳他，他跟谁说话就以谁的耳朵定调子。

这话说得有道理，因为他的意思是："根据你与听者说什么而定。"因为如果这么说："说得他听得见你。"或者："根据他来作调整。"这我就觉得没有道理了。声音的调子与节奏也表达了我要说的意义；这由我自己去操纵才能明确表达。有的声音是教训人的，有的声音是阿谀人的，有的声音是训斥人的。我要我的声音不但让他听见，还要震撼他，穿透他。我责备仆人时声音严厉而刺耳，他最好过来跟我说："老爷可以说得轻些，您的话我全听得见。"

一种声音适合一种情况，不表现在高低，表现在质量。

——昆体良

说话一半属于说的人，一半属于听的人。听的人应该根据声音的情绪作出怎样接受的准备。就像打网球，接球人要根据打球人打出球时的步法与球路而采取对策。

经验还告诉我这个，就是我们失之于急躁。疾病有它的寿命与极限，萎靡与发作。

疾病的结构是以动物的结构作为模式的。疾病初起时其命运就是有限的，日子是可数的；谁欲在疾病发展过程中激烈地强制它缩短，这不但不会缓和，反而会延长、加重和干扰病情。我同意《理想国》里克兰托尔[26]的意见，不要顽固地跟疾病顶牛，也不要在慌乱中软弱屈服，但是应该按照病情与自己的体质自然顺应。应该给疾病留出通道，让它们自然发展，这样留在体内的时间也短。有些被认为顽固难治的病，我让它们顺着自己的规律趋向缓和，不用干涉，不用任何措施和违背规则。

有的事应该让自然来完成：它对自己的事比我们更明白。——“某人生这个病死了。”——“你不死在这个病，也会死在另一个病上。”多少人背后跟了三位医生还是照死不误？例子是一面大镜子，把天下万物从各个方向都照在里面。这个药服了舒服就服；这总是眼见为实的好事。药服了味美胃口好，我就不管它叫什么名字什么颜色。乐趣属于最主要的利益。

感冒、风湿肿痛、腹泻、心搏、偏头痛和其他不适，我都让它们在我身上自生自灭，我作好准备半心半意认命时它们却消失了。客客气气比冒冒失失除病更有效。人体规律还是应该温顺地忍受。不管医药如何，我们还是要衰老，要体弱，要生病。这是墨西哥人教孩子的第一堂课，出了娘肚子就这样欢迎他们："孩子，你到世界上是来忍受的；忍受，吃苦，别吭声。"

人人都会临到的事，临到了自己就叫苦连天，这是不公正的，

> 一条不公正的法律强加在你一人身上，那时你再喊冤吧。
>
> ——塞涅卡

且看有一位老人祈求上帝让他保持身心健全，这就是说恢复青春。

> 蠢啊，为什么许这样幼稚的愿？
>
> ——奥维德

这不是发疯吗？他的心态承受不了这个。痛风、肾结石、消化不良都是多年得病的症候，就像长途跋涉要经历冷热与风雨。柏拉图不相信医神埃斯科拉庇俄斯会费神用饮食制度去让一个心力交瘁的生命延续下去，这样的身体对国家无用，对他的工作无用，不能生出健壮的后代；他还不觉得这合乎公义与天意，神要万物各司其职。我的好人，你已尽职了。谁也无法让你重新起立，最多给你上石膏、钉夹板，让你苟延残喘几个小时。

> 为了加固一幢倾斜的房子，
>
> 必须在反方向加以支撑。

终有一天屋架倒下，

墙壁连同柱子一起坍塌。

——马克西米安

不可避免的事应该学会去忍受。我们的生活犹如世界的和谐，都是由相反的事物、不同的色彩构成的，温和的与暴烈的，尖的与平的，柔弱的与严厉的。音乐家只喜欢一种音色，会表达出什么？他必须善于调配各种声音，合成交响。我们也是，善与恶在我们的生活中是共生共存的。我们的存在不能没有这样的融合。这一部分与另一部分相互都是同样必要的。试图跟天然需要闹别扭，这是重现忒息丰[27]的傻劲，他要跟他的毛骡比赛谁踢得过谁。

……

对青年的嘱咐，谆谆莫过于保持活动与警觉性。我们的生命在于运动。我启动困难，做一切缓慢：起身、卧睡、用餐；七点钟对我是清晨，我有公职时午餐不在十一点钟前，晚餐要在六点钟后。从前我发烧生病都归咎于睡眠时间过长，引起昏沉沉萎靡不振，总是后悔自己早晨再度入睡。

……

大自然为了让人看清和利用它的资源，不需要转弯抹角，它显露自己每个层次，前前后后像没有帘子一样。我们的任务是树立我们的风俗习惯，不是编写书本；建立我们的行为秩序与促成和睦相处，不是攻城略地打胜仗。我们最伟大与光辉的业绩，是生活谐和。其他一切事情如统治、攒积财富、盖房子，最多只算是附属物与辅助品。

……

我有自己的独特词汇：当天雨不便时，我“消磨”时间；天气晴朗时，我不愿“消磨”，而是享受时间，留恋时间。坏时间要匆匆打发，好时间要悠然闲坐。“消遣”与“消磨时间”这类普通词句，表现出谨小慎微者的用法，他们绝不去想一想还可更好利用自己的人生，只是让它流逝、消失、消磨、回避，只要他们还有时间，也是忽视与躲闪，仿佛这是什么讨厌鄙弃之物似的。

但是我对人生还有另一种认识，觉得它可贵可亲，甚至在暮年还是非常执著于人生。大自然把生命交到我们手中，配有各种各样的花絮装饰，充满机遇，它若让我们感到紧迫，一无所获地溜了过去，这只能怪我们自己。

丧失理性的人生是徒劳的，它碌碌无为，一心向往着未来。

——塞涅卡

然而我还是做到面对失去而不遗憾，不是因为它带来烦恼与麻烦，而是它原本是要失去的。所以这样说来只有乐于生活的人才不惮于死亡。享受生活需要技巧，我享受生活是别人的两倍，因为享受的程度取决于我们对生活的关注多与少。尤其此刻，我发觉自己来日无多，必须寸阴寸金地过。时间流逝得快，我出手抓得也快；过得也卖力气，抵消日月如梭的匆忙；占有人生的时间愈短，我也愈要活得更深更充实。

……

我这人爱生活，上帝赐给我怎样的生活我就怎样过。我不希望生活中不去谈吃喝的需要，要是希望生活中有加倍的需要在我看来也情有可原。

贤人追求自然财富十分贪婪。

——塞涅卡

我也不希望我们只要在嘴里放些药片就可活着，埃比米尼德就是服药败坏胃口维持生命；也不希望大家用手指和阳物笨手笨脚地生后代，恰巧相反——恕我冒昧——用手指与阳物还是可以做得快快活活，也不希望身体没有欲望，没有冲动。

这些是无情无义无公道的牢骚。我愉悦感激地接受大自然给我做的一切，我衷心赞美。拒绝这位伟大万能的施予者的礼物，否定它，歪曲它，这是大错特错。他的一切是善良的，做的一切也都善良。

符合自然的一切都值得尊敬。

——西塞罗

我乐意采纳的哲学思想是最坚实的，也就是说最人性化、最符合我们的哲学思想。我的言论符合我的为人，平庸谦让。哲学有时在我看来像个孩子，张牙舞爪向我们说教，说把神圣与世俗、理性与非理性、严厉与宽大、诚意与无诚意凑合一起是在搞野蛮婚姻，说肉欲本质上是粗野的，贤人不该津津乐道。唯一的性趣，他只能从年轻美貌的妻子身上去享受，这才是心安理得的乐趣，合乎事物道理的行为，就像骑马疾驰就要穿上马靴子。但是这个哲学的追随者在给他们的老婆破身时，也没有这个学说那么刚直、有劲头和多精华！

苏格拉底，我们大家的哲学先师，不是这样说的。他实事求是地高度评价肉体乐趣，但是他更喜爱精神乐趣，因为它更有力量、更稳定、更方便、更丰富、更有尊严。这个乐趣不是唯一的（他才不是个爱幻想的人），但是只是首位的。对他来说，节制是调节器，不是享乐的敌人。

大自然是温和的引路人，但是不因温和而不谨慎与不公正。

> 必须深入事物的自然状态，才确知它需要什么。
>
> ——西塞罗

我到处搜罗自然踪迹。我们把自然踪迹与人工做作混淆不清。逍遥派哲学“按自然状态生活”的至善学说，由于这个原因变得很难界定与阐释。斯多葛派“服从自然”的至善学说与它相近。那么重视不那么绝对需要的行为就错了吗？他们永远不会从我的头脑清除这个思想，即乐趣与实用相结合是门当户对的婚姻，一位古人也说天上的神一直在为实用这件事暗中商量。两心相悦、两情缱绻的好事我们非要拆开有什么好呢？相反，我们应该双方从中撮合。让精神唤醒和激活笨重的肉体，肉体又防止精神轻率，保持精神稳定。

> 谁赞扬心灵为至善，谴责肉体为恶，其实是以肉体的观点来拥抱与赞美心灵，也以肉体的观点来逃避肉欲，因为他还是以人的真理，不是以神的真理来判断的。
>
> ——圣奥古斯丁

上帝赐给我们的礼物中，没有一件东西不值得我们关心，甚至一根毫发也应该重视。按人的条件来指导人不是人可以敷衍了事的差使。这是明确的、老老实实去做的最基本任务，创造主把它交给我们时非常严肃认真。唯有权威使普通人领会，用不同的语言来传达也更有分量。让我们在这里再提一提。

谁不认为，愚蠢其实就是该做的事不好好做，还发牢骚，使身与心相违，各执一词，分别走向相反的方向。

——塞涅卡

……

知道光明正大地享受自己的存在，这是神圣一般的绝对完美。我们寻求其他的处境，是因为不会利用自身的处境。我们要走出自己，是因为不知道自身的潜能。我们踩在高跷上也是徒然，因为高跷也要依靠我们的腿脚去走路的。即使世上最高的宝座，我们也是只坐在自己的屁股上。

依我看，最美丽的人生是以平凡的人性作为楷模，有条有理，不求奇迹，不思荒诞。现在老年人需要更体贴的对待。让我们向这位神讨教，健康与智慧之神[28]，但是快乐与合群：

拉托那之子啊，允许我享受
我的财富和机能健康的身体，
让我老当益壮，
还有精力弹奏我的里拉琴！

——贺拉斯

注释

[1] 马尼利乌斯(公元1世纪),古罗马诗人。

[2] 法国俗语:“如两只鸡蛋那么像。”——译者注

[3] 据“七星文库”《蒙田全集》,应是西塞罗著作中提到的德洛斯人,不是德尔斐人。——译者注

[4] 查士丁尼一世(483—565),拜占庭帝国皇帝(527—565在位)。

[5] 乌尔皮恩(约170—228),古罗马法学家。

[6] 路德,即马丁·路德(1483—1546),德国宗教改革运动领导人。

[7] 腓力皇帝(?—249),罗马皇帝(244—249在位)。

[8] 昔兰尼派,古希腊一个道德哲学学派。

[9] 狄奥多洛斯派,古希腊一个哲学学派。

[10] 阿里斯塔克(公元前3世纪),古希腊天文学家。被恩格斯称为“古代的哥白尼”。

[11] 佩尔修斯(公元前211—前165),马其顿最后一任国王(前179—前165在位)。

[12] 据猜测指法国亨利四世国王。——译者注

[13] 奥格斯堡,德国南部的一个城市。原为古罗马殖民点,15—16世纪为欧洲主要的金融和商业中心。

[14] 奥吕斯·吉里乌斯(活动时期2世纪),古罗马作家。

[15] 马克罗比乌斯(创作时期约公元400),古罗马拉丁语法家和哲学家。

[16] 帕多瓦,意大利的一个城市。公元11—13世纪是意大利的主要城市。

[17] 塞克斯都,即塞克斯都·恩披里柯(活动时期公元3世纪初),希腊哲学家和历史学家。

[18] 阿塔罗斯,古希腊斯多葛派哲学家。

[19] 据“七星文库”《蒙田全集》,指毕达哥拉斯派。——译者注

[20] 菲洛皮门(约公元前252—前182),公元前3世纪伯罗奔尼撒北部12个城邦组成的亚该亚联盟的将军(骑兵司令)。

[21] 就餐使用叉子,16世纪从意大利引入法国,在路易十三时代(1601—1643)才逐渐普遍。——译者注

[22] 巴斯克,法国西南一个地区。

[23] 马克西米安(公元前69—前26)古罗马诗人。

[24] 法奈尔(1497—1558),亨利二世的御医。——译者注

[25] 斯卡拉(1484—1588),意大利医学教授。——译者注

[26] 克兰托尔(活动时期公元前4—前3世纪),古希腊学园哲学家。他是色诺克拉底的学生,又是阿凯西劳斯的老师。

[27] 普鲁塔克著《怎样压抑怒气》一书中的人物。——译者注

[28] 据“七星文库”《蒙田全集》,指阿波罗。——译者注

图书在版编目(CIP)数据

论儿童教育/(法)蒙田(Michel de Montaigne)著;马振骋译;单中惠编注.—上海:上海人民出版社,2016

(世界教育名著译丛)

ISBN 978-7-208-13890-2

Ⅰ.①论… Ⅱ.①蒙… ②马… ③单… Ⅲ.①儿童教育-文集 Ⅳ.①G61-53

中国版本图书馆 CIP 数据核字(2016)第 139407 号

责任编辑　任俊萍

封面装帧　张志全

论儿童教育

[法]米歇尔·德·蒙田 著

马振骋 译

单中惠 编注

世 纪 出 版 集 团

上海人民出版社出版

(200001　上海福建中路 193 号　www.ewen.co)

世纪出版集团发行中心发行　　江阴金马印刷有限公司印刷

开本 890×1240　1/32　印张 9.25　插页 5　字数 180,000

2016 年 7 月第 1 版　2016 年 7 月第 1 次印刷

ISBN 978-7-208-13890-2/G·1807

定价 48.00 元

Michel de Montaigne

ESSAIS

1969, GARNIER-FLAMMARION, Paris